Brazilian Portuguese
Beginner and
Intermediate Levels

Tudo bem? Vamos aprender Português!

Apresentação

O livro "Tudo bem? Vamos aprender Português!" foi criado para auxiliar professores que ensinam a língua portuguesa a estrangeiros, assim como adultos e adolescentes que desejam estudar sozinhos e aprender o português de forma objetiva e simples.
O livro é dividido em 6 unidades, resumindo de forma clara os pontos gramaticais mais importantes para a aprendizagem e comunicação da língua portuguesa. Ao final de cada lição, o aluno pode praticar o que aprendeu fazendo os exercícios relacionados à matéria. O livro foi adaptado usando também a língua inglesa para facilitar aqueles que estudam sozinhos.

Depois de muitos anos ensinando português e inglês para estrangeiros, resolvi criar o meu próprio método, abordando o que realmente importa para aprender uma língua estrangeira. O conteúdo é atual, descontraído e fácil de aprender, direcionado aos alunos do nível básico (iniciantes) ao intermediário.

A autora

For further information please write to:
tudobem.vamosaprenderportugues@gmail.com

My website:
tudobem-brazilianportuguese.com

Contact:
info@tudobem-brazilianportuguese.com

Tudo bem? Vamos aprender Português!

	SUMMARY/SUMÁRIO
UNIT 1 (page 7)	- The alphabet - **O alfabeto** - Greetings / Introductions - **Cumprimentos/ Apresentações** - Interrogative Pronouns (What/Where/How) - **Pronomes Interrogativos (O que, Qual/Onde/ Como)** - Personal Pronouns - **Pronomes Pessoais** - Verb TO BE - **Verbo SER e ESTAR** - Numbers - **Números** - Interrogative Pronouns (Who/When/ How many) - **Pronomes Interrogativos (Quem/ Quando Quantos)** - Colors - **Cores** - Plural of words - **Plural das palavras** - Possessives - **Possessivos**
UNIT 2 (page 35)	- Days of the week - **Dias da semana** - Months of the year - **Meses do ano** - Seasons of the year - **Estações do ano** - Time - **Horas** - Prepositions - **Preposições** - Verbs to eat, to drink, to like - **Verbos comer, beber, gostar** - Ordinal numbers - **Números Ordinais** - Jobs/Professions - **Trabalhos / Profissões** - Indefinite and Definite Articles - **Artigos Indefinidos e Definidos**
UNIT 3 (page 63)	- Countries and nationalities - **Países e nacionalidades** - Opposites - **Antônimos** - Describing people - **Descrevendo pessoas** - Everyday sentences - **Frases do dia a dia** - The Family - **A família** - Present Progressive Tense - **Presente Contínuo** - Clothing - **Vestuário**
UNIT 4 (page 99)	- Simple Present Tense - **Presente do Indicativo** - Adverbs of frequency - **Advérbios de frequência** - There is / There are - **Verbo HAVER, TER, EXISTIR** - Foods and beverages - **Comidas e bebidas** - Fruits and Vegetables - **Frutas, legumes e verduras**
UNIT 5 (page 129)	- CAN - **Verbo PODER, SABER, CONSEGUIR** - The Home - **A casa** - The Human Body - **O corpo humano** - Simple Future Tense - **Futuro do Presente do Indicativo**
UNIT 6 (page 149)	- Verb TO BE - Past Tense - **Verbo SER/ESTAR no passado** - Simple Past Tense - **Pretérito Perfeito do Indicativo** - Simple Past Tense - **Pretérito Imperfeito do Indicativo** - Text - Texto **"Datas especiais e suas comemorações no Brasil"**

UNIT 1 - UNIDADE 1

THE ALPHABET
O alfabeto

GREETINGS / INTRODUCTIONS
Cumprimentos/Apresentações

INTERROGATIVE PRONOUNS
Pronomes Interrogativos

PERSONAL PRONOUNS
Pronomes Pessoais

VERB TO BE
Verbo SER/ESTAR

NUMBERS
Números

COLORS
Cores

PLURAL OF WORDS
Plural das palavras

POSSESSIVES
Possessivos

UNIT 1 - UNIDADE 1   Lesson 1 - Lição 1

THE ALPHABET - O ALFABETO

A (AH) **B** (BÊ) **C** (SÊ) **D** (DÊ) **E** (Ê/EH) **F** (ÉFI) **G** (JÊ) **H** (AGAH) **I** (EE) **J** (JOHTA) **K** (KAH) **L** (EHLI) **M** (ÊMI) **N** (ÊNI) **O** (AW) **P** (PÊ) **Q** (KÊ) **R** (ÉHI) **S** (EHSI) **T** (TÊ) **U** (OO) **V** (VÊ) **W** (DAHBLIU) **X** (SHE'S) **Y** (YPSILON) **Z** (ZÊ)

WRITTEN ACCENTS - ACENTUAÇÃO GRÁFICA

(syllable **in bold** shows the stress in pronunciation)

Tipos de acentos:

*Til - ã / ãe / õe / ão (**nasal sound**) - ma**çã** (apple) / **mãe** (mother) / mi**lhões** (millions) / **pão** (bread)
*Circunflexo - â / ê / ô (**closed pronunciation**)- ro**bô** (robot) / vo**cê** (you) / vo**vô** (grandpa)
*Agudo - á / é / í / ó / ú (**open pronunciation**)- **á**gua (water) / **pé** (foot) / di**fí**cil (difficult) / **ó**timo (great) / vo**vó** (grandma) **/ ú**til (useful)

*Cedilha **ç** (sinal gráfico) - a**çú**car (sugar) / refei**ção** (meal) / li**ção** (lesson)
  Ç sounds like **S**.

a- Letter R sounds like H in English in words starting with R and in words that have RR.
(restaurant - **restaurante** = 'hestau**ran**te', car - **carro** = '**ka**ho')
b- Words finishing in L sound like U. (Christmas - **Natal** = 'Na**tau**' / paper - **papel** = 'pa**péu**')
c- Words finishing in E sound like I in most parts of Brazil. (milk - **leite** = '**lêi**tchi' / tomato - **tomate** = 'to**má**tchi')
d- Words finishing in M sound like N. (trip - **viagem** = 'vi**ah**gen')
e- The syllables TI and DI sound like TCHI and DJI. (aunt - **tia** = '**tchí**a' / day - **dia** = '**djí**a')

More examples:

Words with rr, ss, ch, lh, nh, gu, qu:

- RR - **macarrão** (spaghetti) = 'maca**hão**' (nasal sound) / **cachorro** (dog) = 'ca**sho**ho'
- SS - **sucesso** (success) = 'soo**cé**so' / **osso** (bone) = '**ô**so'
- CH - **chave** (key) = '**shah**vi' / **chão** (floor) = '**shão**'
- LH - **mulher** (woman) = 'moo**lier**' / **coelho** (rabbit) = 'ko**ê**lio' /
- NH - **caminhão** (truck) = 'cami**ñão**' / **ninho** (nest) = '**ni**ño'
- GU - **guarda-roupa** (wardrobe)= 'guarda-**ho**pa' / **linguiça** (sausage) = 'leen**guee**sa'
- QU - **queijo** (cheese) = '**kêi**jo' / **quero** (I want) = '**ké**ro'

GREETINGS - CUMPRIMENTOS

- Good morning! - **Bom dia!**
- Good afternoon! - **Boa tarde!**
- Good evening! / Good night! - **Boa noite!**
- Hi! / Hello! - **Oi!**
- How are you? - **Como vai você?** (formal)
- I'm fine, thanks. - **Bem, obrigado(a)**. (men say obrigad*o* and women say obrigad*a*)
- **Tudo bem? , Tudo bom?** (informal way of saying 'How are you?')
- Good-bye! / Bye! - **Tchau!**
- See you later! - **Até mais tarde!**
- See you soon! - **Até logo! / Até já!**
- See you tomorrow! - **Até amanhã!**
- Excuse me! - **Com licença**
- Sorry! - **Desculpa!**
- Please - **Por favor**
- Thanks! / Thank you! - **Obrigado(a)**
- You're welcome! - **De nada!**
- Nice to meet you! - **Prazer em conhecê-lo (a)! / Muito prazer!**
- Nice to meet you too. - **Prazer em conhecê-lo(a) também. / Igualmente. / O prazer é meu.**
- Have a nice weekend! **- Bom fim de semana!**

INTERROGATIVE PRONOUNS - PRONOMES INTERROGATIVOS

WHAT - O que/Qual   WHERE - Onde   HOW - Como

What is your name? My name is …
<u>Qual</u> é o seu nome? O meu nome é …

What is your last name? My last name is Smith.
<u>Qual</u> é o seu sobrenome? O meu sobrenome é Smith.

Where are you from? I'm from Brazil/ the USA / Italy.
De <u>onde</u> você é? Eu sou do Brasil / dos Estados Unidos / da Itália.

Where are you now? I am at home/at school/at work.
<u>Onde</u> você está agora? Eu estou <u>em</u> casa/<u>na</u> escola/<u>no</u> trabalho.

How do you spell your name? J O H N S M I T H
<u>Como</u> você soletra/escreve o seu nome?

How are you? I'm fine, thanks.
<u>Como</u> vai você? (Eu) estou bem, obrigado(a).

A: Bom dia Dona Marta, tudo bem?
B: Tudo ótimo, Sr. Augusto. E o Sr., como vai?
A: Vou bem, obrigado!

A: Oi, Daniel, tudo bem?
B: Tudo bem, Carla, e você?
A: Tudo ótimo, obrigada. Este é o meu amigo Carlos.
B: Oi, Carlos! Prazer!
C: Oi! O prazer é meu.

INTRODUCTIONS:
This is my husband. - **Este** é o meu marido.
This is my wife. - **Esta** é a minha mulher / esposa.
This is my friend Pedro. - **Este** é o meu amigo Pedro.
This is my friend Eliana. - **Esta** é a minha amiga Eliana.

THIS:
ESTE / ESSE - masculine
ESTA / ESSA - feminine

Mr/Sir (used for married or single men) - **Sr., Senhor, "Seu"** = homem, casado ou solteiro.
Mrs/Madam (used for married women) - **Sra., Senhora, "Dona"** = mulher, casada.
Miss (used for single women) - **Srta., Senhorita** = mulher, solteira.

- Mr Afonso is not home now. - **O Sr. Afonso não está em casa agora.**
- Mrs Marta has worked at the hospital for 10 years. - **A Dona Marta trabalha no hospital há 10 anos.**
- Would you like something to drink, Ma'am? - **A senhora gostaria de beber alguma coisa?**

* First names are usually used when using Mr., Mrs or Ms in Portuguese, other than the last name.
* **Seu** and **Dona** are informal ways of saying Mr. and Mrs. and are used when showing respect and affection.

PERSONAL PRONOUNS - PRONOMES PESSOAIS

I	YOU	HE	SHE	IT	WE	YOU	THEY
EU	VOCÊ	ELE	ELA		NÓS	VOCÊS	ELES/ELAS

Exemplos:

Alice – **ela**

Susana e eu – **nós**

Paulo – **ele**

a mesa (the table) - **ela**

o cachorro (the dog) – **ele**

Marcos e Alexandre – **eles**

as meninas (the girls) – **elas**

IT is not used in Portuguese. If you want to refer to an animal or an object, you must use HE or SHE instead. Things are defined as feminine or masculine.

a gente = nós

In everyday spoken language, it is extremely common to use 'a gente' instead of 'nós'. Therefore, it is followed by a third person singular verb.

- Nós moramos no Brasil. (We live in Brazil.)
- **A gente** mora no Brasil. (We live in Brazil.)
- Nós gostamos de viajar para a Europa. (We like to travel to Europe.)
- **A gente** gosta de viajar para a Europa. (We like to travel to Europe.)

Tudo bem? Vamos aprender Português!

Aluno(a): _____

UNIT 1 - UNIDADE 1   Lesson 1 - Lição 1

EXERCÍCIOS

1-Put the conversation in the correct order:
   Coloque a conversa na ordem certa:

____ Roma, Itália.
____ Enzo Romanelli.
____ E de onde você é?
____ Boa tarde! Qual é o seu nome, por favor?
____ Obrigado.

2-Answer the questions:
   Responda:

a- Qual é o seu nome? _____.
b- Como se escreve o seu sobrenome? _____.
c- De onde você é? _____.
d- Como vai você? _____.

3-Use the correct pronoun:
   Use o pronome correto:

a- Fernando _____   f- Bernardo, Felipe e Ana _____
b- José e eu _____   g- Joana _____
c- Marta _____   h- o carro _____
d- o lápis _____   i- Daniel _____
e- os gatos _____   j- Você e eu _____

4- Complete the conversation:
   Complete a conversa:

A: Bom dia! Tudo bem?
B: _____.
A: Eu sou Érica Sanches. Qual é o seu nome?
B: _____.
A: Muito prazer!
B: _____.
A: Como se escreve o seu nome?
B: _____.
A: De onde você é?
B: _____. E você?
A: Eu sou do Brasil. Esta é a minha amiga Sofia.
B: _____.
C: Oi! O prazer é meu.

Let's practice! - Vamos praticar!

1- Spell the words:

a- CACHORRO - dog
b- CIDADE - city
c- MAÇÃ - apple
d- QUEIJO - cheese
e- TRABALHO - work
f- MÃE - mother
g- LINGUIÇA - sausage
h- FÉRIAS - vacation
i- PÊSSEGO - peach
j- ÁGUIA - eagle
k- LIVRO - book
l- VOVÓ - grandma

2- Answer the questions:

a- Você gosta de queijo?
b- Você tem um cachorro?
c- Qual é o seu sobrenome?
d- Onde você está agora?
e- De onde você é?
f- Como se escreve o seu nome?

UNIT 1 - UNIDADE 1   Lesson 2 - Lição 2

VERB TO BE - VERBO SER/ESTAR

AFFIRMATIVE FORM - FORMA AFIRMATIVA

TO BE	SER	ESTAR
I am	Eu sou	Eu estou
You are	Você é	Você está
He is	Ele é	Ele está
She is	Ela é	Ela está
We are	Nós somos	Nós estamos
You are	Vocês são	Vocês estão
They are	Eles/Elas são	Eles/Elas estão

Exemplos:

I am Brazilian. – **(Eu) sou brasileiro(a).**
You are an excellent professional. - **Você é um(a) excelente profissional.**
He is from Japan. – **Ele é do Japão.**
She is my Portuguese teacher. – **Ela é a minha professora de português.**
It's a big house. – **(Ela) é uma casa grande.**
We are hungry now. - **(Nós) estamos com fome agora.**
You are at work now. - **Vocês estão no trabalho agora.**
They are on vacation. - **Eles/Elas estão de férias.**

NEGATIVE FORM - FORMA NEGATIVA

Use NO before the verb.- Usa-se o NÃO antes do verbo.

TO BE	SER	ESTAR
I am not	Eu não sou	Eu não estou
You are not	Você não é	Você não está
He is not	Ele não é	Ele não está
She is not	Ela não é	Ela não está
We are not	Nós não somos	Nós não estamos
You are not	Vocês não são	Vocês não estão
They are not	Eles/Elas não são	Eles/Elas não estão

Exemplos:

I am not Brazilian. - **(Eu) não sou brasileiro(a).**
You are not an excellent professional. - **Você não é um(a) excelente profissional.**
He is not from Japan. - **Ele não é do Japão.**
She is not my Portuguese teacher. - **Ela não é a minha professora de português.**
It's not a big house - **(Ela) não é uma casa grande.**
We are not hungry now. - **(Nós) não estamos com fome agora.**
You are not at work now. - **Vocês não estão no trabalho agora.**
They are not on vacation. - **Eles/Elas não estão de férias.**

INTERROGATIVE FORM - FORMA INTERROGATIVA
To make an interrogative form, just add the question mark at the end of the affirmative sentence.
Para transformar uma frase para a forma interrogativa, apenas acrescente o ponto de interrogação ao final da frase afirmativa.

Exemplos:

- Are you Brazilian? - **Você é brasileiro(a)?**
Yes, I am. / No, I'm not. - **Sim, (eu) sou. / Não, (eu) não sou.**

- Are you an excellent professional? - **Você é um(a) excelente profissional?**
Yes, I am. / No, I'm not. - **Sim, (eu) sou. / Não, (eu) não sou.**

- Is he from Japan? **Ele é do Japão?**
Yes, he is. / No, he isn't. - **Sim, ele é. / Não, ele não é.**

- Is she your Portuguese teacher? - **Ela é a sua professora de português?**
Yes, she is. / No, she isn't. - **Sim, ela é. / Não, ela não é.**

- Is it a big house? - **(Ela) é uma casa grande?**
Yes, it is. / No, it isn't. - **Sim, (ela) é. / Não, (ela) não é.**

- Are we hungry now? - **Nós estamos com fome agora?**
Yes, we are. / No, we aren't. - **Sim, (nós) estamos. / Não, (nós) não estamos.**

- Are you at work now? - **Vocês estão no trabalho agora?**
Yes, we are. / No, we aren't. - **Sim, (nós) estamos. / Não, (nós) não estamos.**

- Are they on vacation? **Eles/Elas estão de férias?**
Yes, they are. / No, they aren't. - **Sim, eles/elas estão. / Não, eles/elas não estão.**

SER, ESTAR e FICAR

SER - (usually used as a permanent characteristic) - **geralmente usado como característica permanente.**
- Ela **é** alta/ inteligente/ linda. (She is tall, intelligent, beautiful.)
- O verão **é** quente. (Summer is hot).

ESTAR - (usually used as a temporary state) - **geralmente usado quando algo é temporário.**
- Você **está** linda hoje! (You are beautiful today!)
- A sopa **está** salgada. (The soup is salty.)
- Hoje o dólar **está** R$3,50. (Today the dollar is at R$3,50.)

FICAR - (an alternative to SER when expressing permanent location) - usado no lugar de SER quando o local é permanente.
- Por favor, onde **fica** a biblioteca? (Please, where is the library?)
- A casa dela **fica** na Avenida Valadares. (Her house is on Valadares Ave.)
- Porto Alegre **fica** no sul do Brasil. (Porto Alegre is in the South of Brazil.)

SER e ESTAR
- O meu pai **é** velho. - My father is old. (SER - inherit quality)
- O meu pai **está** velho. - My father is looking old. (ESTAR - speaker's perception)
- Ela **é** solteira. - She is single.
- Ela **está** solteira (no momento.) - She is single (at the moment.)
- Você **é** louco! - You're crazy! (in general)
- Você **está** louco! - You're crazy! (being/acting crazy)

USOS ESPECIAIS DE **SER**

POSSE (possession) - Este carro **é** do Ricardo.
TEMPO CRONOLÓGICO (chronological time) - Agora **é** primavera. / Hoje **é** dia 04.
PROFISSÃO (professions) - Ele **é** engenheiro.
CARGO (job position) - Ele **é** o diretor da empresa/firma.
RELIGIÃO (religion) - **Somos** católicos.
PARTIDO POLÍTICO (political party)- Eles **são** republicanos.

When informally speaking, in a fast way, Brazilians tend to abbreviate the words. Check the examples below:
- **Você está com fome?** (Are you hungry?)
- **Sim, estou com fome.** (Yes, I'm hungry.)

- Você = Cê está = tá estou = tô
- Cê tá com fome?
- Sim, tô com fome.

- **Ele está em casa agora?** (Is he home now?)
- **Não, ele está na escola agora.** (No, he is at school now.)

- Ele tá em casa agora?
- Não, ele tá na escola agora.

CARDINAL NUMBERS - NÚMEROS CARDINAIS

0-zero - **zero**
1-one - **um(a)**
2-two - **dois (duas)**
3-three - **três**
4-four - **quatro**
5-five - **cinco**
6-six - **seis**
7-seven - **sete**
8-eight - **oito**
9-nine - **nove**
10-ten - **dez**
11-eleven - **onze**
12-twelve - **doze**
13-thirteen - **treze**
14-fourteen - **quatorze/catorze**
15-fifteen - **quinze**
16-sixteen - **dezesseis**
17-seventeen - **dezessete**
18-eighteen - **dezoito**
19-nineteen - **dezenove**
20-twenty - **vinte**
21-twenty-one - **vinte e um(a)**
22-twenty-two - **vinte e dois (duas)**
23-twenty-three - **vinte e três**
24-twenty-four - **vinte e quatro**
25-twenty-five - **vinte e cinco**
26-twenty-six - **vinte e seis**
27-twenty-seven - **vinte e sete**
28-twenty-eight - **vinte e oito**
29-twenty-nine - **vinte e nove**
30-thirty - **trinta**

31-thirty-one - **trinta e um(a)**
32-thirty-two - **trinta e dois (duas)**
33-thirty-three - **trinta e três**
40-forty - **quarenta**
41-forty-one - **quarenta e um(a)**
42-forty-two - **quarenta e dois (duas)**
50-fifty - **cinquenta**
60-sixty - **sessenta**
70-seventy - **setenta**
80-eighty - **oitenta**
90-ninety - **noventa**
100-one hundred - **cem**
101-one hundred and one - **cento e um(a)**
200-two hundred - **duzentos(as)**
300-three hundred - **trezentos(as)**
400-four hundred - **quatrocentos(as)**
500-five hundred - **quinhentos(as)**
600-six hundred - **seiscentos(as)**
700- seven hundred - **setecentos(as)**
800-eight hundred - **oitocentos(as)**
900-nine hundred - **novecentos(as)**
1,000-one thousand - **mil**
10,000-ten thousand - **dez mil**
100,000-one hundred thousand - **cem mil**
1,000,000-one million- **um milhão**
2,000,000- two million - **dois milhões**

one billion, two billion - **um bilhão, dois bilhões**
one trillion, two trillion - **um trilhão, dois trilhões**

INTERROGATIVE PRONOUNS - PRONOMES INTERROGATIVOS

WHO - Quem   WHEN - Quando   HOW MANY - Quantos(as)

Exemplos:

- Who lives with you? Nobody. I live by myself. - **Quem mora com você? Ninguém. Moro sozinho(a).**
- Who do you live with? I live with my parents. - **Com quem você mora? Moro com os meus pais.**

- Who is she? She is the new secretary of the company.
- **Quem é ela? Ela é a nova secretária da firma/da empresa.**

- When is your birthday? - **Quando é o seu aniversário?**
- June 1st. / June 10th. - **Dia 1 (primeiro) de junho. / Dia 10 (dez) de junho.**

(When talking about dates, cardinal numbers are always used, except for the first day of the month.)
(Days of the week, months of the year and seasons of the year are written in lower case.)

- When do you study Portuguese? - **Quando você estuda Português?**
- On Mondays and Wednesdays, from 7 to 8 pm. - **Às segundas e quartas, das 7 às 8 da noite.**

- How many students are there in the classroom? Twenty.
- **Quantos alunos tem na sala de aula? Vinte.**
- How many countries are there in South America? Twelve.
- **Quantos países tem na América do Sul? Doze.**

- How old are you? I am 32 years old.
- **Quantos anos você tem? Eu tenho 32 anos. (de idade)**

(The verb HAVE is used in Portuguese when talking about age.)

- What's your phone number? My phone number is 2764-9806.
- **Qual é o seu (número de) telefone? O meu telefone é dois, sete, seis (meia), quatro, nove, oito, zero, seis (meia).**

('Meia' is more used than 'seis' when saying a phone number. It means 'half').

- Marcos lives in Miami. What's his phone number?
- 786-657-3710
- **O Marcos mora em Miami. Qual é o telefone dele?**
- 786-657-3710
- **Sete, oito, meia, meia, cinco, sete, três, sete, um, zero** / ou
- **Sete, oito, meia, meia, cinco, sete, trinta e sete, dez.**

- When were you born? I was born on September 12th, 1980.
- **Quando** você nasceu? **Eu nasci no dia doze de setembro de 1980. / Eu nasci em doze do nove de mil novecentos e oitenta. 12/9/1980.**

(In Brazil, the format used to describe complete dates is **always** the same: day, month and year.

- I was born in 1980. - **Eu nasci em mil novecentos e oitenta. / Eu nasci em 80.**
- I was born on June 1st. - **Eu nasci no dia primeiro de junho.**

married - **casado(a)**
single - **solteiro(a)**
engaged - **noivo(a)**
divorced - **divorciado(a)**
widow - **viúva**
widower - **viúvo**

husband - **marido**
wife - **mulher, esposa**
fiancé / fiancée - **noivo, noiva**
boyfriend - **namorado**
girlfriend - **namorada**

Tudo bem? Vamos aprender Português!

Aluno(a): _____

UNIT 1 - UNIDADE 1   Lesson 2 - Lição 2

EXERCÍCIOS

1- Write the sentences below in their negative and interrogative forms:
   Transforme as frases para a negativa e interrogativa:

a- O Bob e a Jane são americanos. (Bob and Jane are American.)
   O Bob e a Jane não são americanos.
   Eles são americanos?

b- Ela é loura. (She is blonde.)
   _____
   _____

c- O Marcos é um bom professor. (Marcos is a good teacher.)
   _____
   _____

d- Eles são de Nova York. (They are from New York.)
   _____
   _____

e- A Sandra, a Kátia e a Helena estão em casa. (Sandra, Katia and Helena are at home.)
   _____
   _____

f- O gato é preto. (The cat is black.)
   _____
   _____

2- Use the correct form of the VERB TO BE:
   Use a forma correta do verbo SER e ESTAR:

a- O Bruno _____ o meu melhor amigo.
b- A Alice e eu_____ na escola agora.
c- Eles _____ irmãos?
d- De onde você _____? Eu_____ dos Estados Unidos.
e- Ele _____ um bom menino? Não, ele _____.
f- Nós_____ do Canadá.(negativa)
g- Eu _____ americano(a), mas o meu pai _____ italiano.
h- Ela _____ brasileira? Sim, ela _____.
i- Ela_____ uma boa aluna.(negativa)
j- A Júlia e a Carol _____ no clube?

3- Answer the questions:
   Responda:

a- Voce é um(uma) bom(boa) profissional? (Are you a good professional?)
_____.

b- A sua mãe é italiana? (Is your mother Italian?)
_____.

c- De que país você é? (What country are you from?)
_____.

d- Como vai você? (How are you?)
_____.

e- Voce é casado(a) ou solteiro(a)? (Are you married or single?)
_____.

f- Quantos irmãos você tem? (How many siblings do you have?)
_____.

g- Quem é o(a) seu(sua) melhor amigo(a)? (Who's your best friend?)
_____.

h- Quantos anos você tem? (How old are you?)
_____.

i- Quando é o aniversário da sua mãe? (When is your mother's birthday?)
_____.

j- Qual é a sua fruta favorita/preferida? (What's your favorite fruit?)
_____.

k- Qual é o nome do seu pai? (What's your father's name?)
_____.

l- Você está de férias agora? (Are you on vacation now?)
_____.

m- Onde fica a sua casa? (Where is your house located?)
_____.

n- Com quem você mora? (Who do you live with?)
_____.

o- A sua casa é grande ou pequena? E a sua cidade? (Is your house big or small? What about your city?)
_____.

p- Você está com fome agora? (Are you hungry now?)
_____.

q- Onde fica o Cristo Redentor? E a Estátua da Liberdade? (Where is Christ the Redeemer (statue) located? What about the Statue of Liberty?)
_____
_____.

r- Que dia é hoje? (What day is it today?)
_____.

UNIT 1 - UNIDADE 1   Lesson 3 - Lição 3

COLORS - (AS) CORES

white - **branco/a**
black - **preto/a**
blue - **azul**
yellow - **amarelo/a**
red - **vermelho/a**
pink - **rosa**
purple - **roxo/a**
lavender - **lilás**
orange - **laranja**
green - **verde**
brown - **marrom**
gray - **cinza**
gold - **dourado/a**
silver - **prateado/a**
*dark blue - **azul <u>escuro</u>** (used with any color - usado com qualquer cor)
*light blue - **azul <u>claro</u>**
navy blue - **azul marinho**
sky blue - **azul celeste, azul da cor do céu**
turquoise - **turquesa**
*pastels - **cores pastéis**

- What color is your car? - **De que cor é o seu carro? / Qual é a cor do seu carro?**
  My car is white. - **O meu carro é branco.**

EYES and HAIR - OLHOS e CABELOS

- What color are your eyes? - **De que cor são os seus olhos? / Qual é a cor dos seus olhos?**
  My eyes are green/blue/black/<u>brown</u>/hazel. - **Os meus olhos são verdes/azuis/pretos/<u>castanhos</u>/ cor-de-mel ou castanho-esverdeados.**

- She is blonde/brunette. - **Ela é loura, loira. /Ela é morena.** (cabelo castanho escuro ou preto)
- She has red hair. - **Ela é ruiva.**
- She has black/brown/gray hair - **Ela tem cabelos pretos, castanhos,*brancos.**

* **Ela está cheia de cabelos brancos!** - (She is full of gray hair!) - Brazilians say 'cabelo branco' = gray hair, instead of 'cinza'.

- salt and pepper hair - **cabelos grisalhos**
- straight, wavy, curly hair - **cabelo liso, ondulado, enrolado.**
- no hair / bald = **careca**

Let's practice! Vamos praticar!

Responda:

a- Qual é a sua cor favorita?
b- Qual é a cor do seu celular?
c- Você é americano/a?
d- Você está com fome agora?
e- Você está de férias?
f- Você é solteiro/a ou casado/a?
g- O seu pai é europeu?
h- Onde fica a sua casa?
i- Onde fica a Torre Eiffel?
j- Quantos anos você tem?
k- Quando é o seu aniversário?
l- Que dia da semana é hoje?
m- Quando você estuda português?
n- O seu carro está na garagem agora?
o- Quando você nasceu?
p- Você mora com quem?
q- Quantas pessoas têm no seu trabalho?
r- Qual é o seu telefone?
s- A sua casa é grande? E a sua cidade?

Tudo bem? Vamos aprender Português!

Aluno(a): _____

UNIT 1 - UNIDADE 1   Lesson 3 - Lição 3

TEXT - TEXTO:

Benjamin Hatfield é americano. Ele é de Los Angeles, Califórnia. Ele tem 12 anos. O telefone dele é 213-624-8460. O pai dele é médico e a mãe dele é dona de casa. Ele está na escola (no colégio) agora. Ele é um menino muito inteligente. Ele fala três línguas fluentemente: inglês, português e espanhol.

COMPREENSÃO DE TEXTO:

- Answer the questions:
  Responda:

a- Qual é o nome completo dele? (What's his full name?)
_____.

b- Ele é brasileiro? (Is he Brazilian?)
_____.

c- De onde ele é? (Where's he from?)
_____.

d- Qual é o telefone dele? (What's his phone number?)
_____.

e- O pai dele é dentista? (Is his father a dentist?)
_____.

f- O que a mãe dele faz? (What does his mother do?)
_____.

g- Onde ele está agora? (Where is he now?)
_____.

h- Quantas línguas ele fala? (How many languages does he speak?)
_____.

EXERCÍCIOS

1- Use WHAT, WHERE or HOW:
   Complete com QUAL, ONDE ou COMO:

a-_____ é o seu nome? Marcelo.
b- De_____ ela é? Itália.
c-_____ vai você? Bem, obrigado(a).
d- _____ você está agora? Em casa.
e- _____ você escreve/soletra o seu nome? MATTHEW
f - _____ é o seu telefone? 252-786-9972
g- _____ você vai para o trabalho? De carro.

2- Answer: **(x times, + plus, - minus, : divided by, = equals)**
   Responda: **(x vezes, + mais, - menos, : dividido por, = é igual a)**

a- 2x3= _____ = dois vezes três é igual a seis.
b- 1+8= _____ = um mais oito é igual a nove.
c- 13-2= _____ =
d- 20÷2= _____ =
e- 3+2= _____ =
f- 3-2= _____ =
g- 5x4= _____ =
h- 16÷2= _____ =
i- 20-3= _____ =
j- 13+2= _____ =

3- Write the numbers:
   Escreva os números:

a- 38 _____
b- 15 _____
c- 7 _____
d- 26 _____
e- 13 _____
f- 8 _____
g- 47 _____
h- 50 _____
i- 33 _____
j- 2,863 _____
k- 1976 _____
m- $1.5 million _____
n- 14,739 _____

4- What color is/are…?
   De que cor é/são…?

- an apple / uma maçã? _____
- a banana / uma banana? _____
- the grapes / as uvas? _____
- your car / o seu carro? _____
- your cell phone / o seu celular? _____
- the sky / o céu? _____
- the strawberries? / os morangos? _____
- the lettuce? / a alface? _____
- your hair? / os seus cabelos? _____
- your eyes? / os seus olhos? _____

UNIT 1 - UNIDADE 1   Lesson 4 - Lição 4

PLURAL OF WORDS - (O) PLURAL DAS PALAVRAS

* Use **S** in most words.
* Usa-se o **S** na maioria das palavras.

- casa (house) - **casas**
- telefone (telephone) - **telefones**
- criança (child) - **crianças** (children)

* Most words finishing in **S** do not change.
* A maioria das palavras já terminadas em **S**, não mudam:

- **ônibus** (bus)
- **pires** (saucer)
- **lápis** (pencil)

AL - AIS
- capit**al** (capital) - **capitais**
- jorn**al** (newspaper) - **jornais**

EL - ÉIS
- an**el** (ring) - **anéis**
- pap**el** (paper) - **papéis**

IL - IS ou EIS , OL - ÓIS , UL - UIS
- barr**il** de cerveja (barrel of beer) - **barris de cerveja**
- fuz**il** (rifle) - **fuzis**
- fác**il** (easy) - **fáceis**
- út**il** (useful) - **úteis**
- lenç**ol** (sheets) - **lençóis**
- az**ul** (blue) - **azuis**

AZ,EZ,IZ,OZ,UZ - +ES
- cart**az** (poster) - **cartazes**
- rap**az** (young guy) - **rapazes**

- v**ez** (time) - **vezes**

- ra**iz** (root) - **raízes**
- fel**iz** (happy) - **felizes**
- ju**iz** (judge, referee) - **juízes**

- vel**oz** (fast) - **velozes**
- fer**oz** (fierce) - **ferozes**

- l**uz** (light) - **luzes**
- cr**uz** (cross) - **cruzes**

M - NS
- tre**m** (train) - **trens**
- fi**m** de semana (weekend) - **fins de semana**

R - +ES
- melho**r** (better) - **melhores**
- colhe**r** (spoon) - **colheres**

ÃO - ÕES
- decis**ão** (decision) - **decisões**
- avi**ão** (airplane) - **aviões**
- brincalh**ão** (playful) - **brincalhões**

ÃO - ÃOS
- cidad**ão** (citizen) - **cidadãos**
- m**ão** (hand) - **mãos**
- irm**ão** (brother) - **irmãos** (brothers or siblings)

ÃO - ÃES
- alem**ão** (German) - **alemães**
- p**ão** (bread) - **pães**
- c**ão** (dog) - **cães**

POSSESSIVES - POSSESSIVOS

masculine	feminine	plural, masculine	plural, feminine	translation
meu	minha	meus	minhas	my/mine
seu	sua	seus	suas	your/yours
dele/seu	dela/sua			his/her/his/hers
nosso/da gente	nossa/da gente	nossos	nossas	our/ours
de vocês/ seu	de vocês/ sua	de vocês/seus	de vocês/suas	your/yours
deles	delas	deles/seus	delas/suas	their/theirs

Exemplo:

A _minha_ **casa é amarela. (**My house is yellow.**)**
A = artigo (article)
MINHA = adjetivo possessivo feminino (possessive adjective, feminine)
CASA = substantivo feminino (noun, feminine)
É = verbo (verb)
AMARELA = cor, feminino (color, feminine)

Mais exemplos:

- Is your mother a teacher? - **A _sua_ mãe é professora?**
- Her house has 4 bedrooms. - **A casa _dela_ tem 4 quartos.**
- Can I go in your car? - **Posso ir no _seu_ carro?** (singular - I am speaking directly to one person.) / **Posso ir no carro _de vocês_?** (plural - I am speaking with two people.)
- We are going to sell our car. - **(Nós) vamos vender o _nosso_ carro.**
- He paid for our lunch. **Ele pagou o _nosso_ almoço. / Ele pagou o almoço _da gente_.**
- I like my house always clean. - **(Eu) gosto da _minha_ casa sempre limpa.**
- We are going to buy their tickets on Saturday. - **A gente vai comprar os ingressos _deles_ no sábado.**
- She/He talked about her/his trips to Africa. - **Ela/Ele falou sobre as _suas_ viagens à África.**
  - **Ela falou sobre as viagens _dela_ à África.**
  - **Ele falou sobre as viagens _dele_ à África.**
- a friend of mine - **um amigo _meu_, uma amiga _minha_**
- that Math teacher of yours - **aquela _sua_ professora de Matemática.**
  - **aquela professora de Matemática _sua_.**

- Is this pen yours? - **Essa caneta é _sua_?**
  No, it's his. - **Não, é _dele_.**

- You can leave your stuff here. - **Você pode deixar as _suas_ coisas aqui.**

- You fool, look what you've done! - **_Seu_ bobo** (talking to a guy)/ **_Sua_ boba** (talking to a woman), **olha o que você fez!**

Omission of possessives:

*parts of the body
- Put your hands on your head! - **Coloque as mãos na cabeça!**
- She's broken her arm. - **Ela quebrou o braço.**

*items of clothing and personal accessories:
- She took off her jacket. - **Ela tirou a jaqueta.**
- She put her bag on the chair. **Ela colocou a bolsa na cadeira.**

*family members
- They take after their father. - **Eles puxaram o pai.**
- She's going to stay with her aunt for a while in São Paulo. **Ela vai ficar um tempo com a tia em São Paulo.**

Adjetivos Possessivos - Possessive Adjectives

MY
MEU (masculino) - **MEUS** (plural)
MINHA (feminino) - **MINHAS** (plural)
my name = (o) meu nome
my house = (a) minha casa

my car / my father/ my job / my cell phone / my birthday
my cars / my books / my friends / my toys
my house /my mom / my daughter / my family / my sister / my city
my houses / my friends / my clothes

YOUR
SEU (masculino) - **SEUS** (plural)
SUA (feminino) - **SUAS** (plural)
your name = (o) seu nome
your school = (a) sua escola

your son / your name / your country / your husband / your friend / your book
your problems / your toys / your headphones / your documents
your wife / your school / your house / your teacher / your food
your teachers / your grades / your friends / your things

HIS
DELE
his car = o carro dele
his house = a casa dele

his father / his teacher / his school / his name / his job / his mother / his dog
his problems / his friends / his children / his employees / his games

HER
DELA
her name = o nome dela
her family = a família dela

her sister / her brother / her car / her dog / her trip / her last name / her life
her books / her trips / her documents / her sisters

OUR
NOSSO (masculino) - **NOSSOS** (plural)
NOSSA (feminino) - **NOSSAS** (plural)
our country = (o) nosso país
our house = (a) nossa casa
our countries = (os) nossos países
our houses = (as) nossas casas

our life / our parents / our cars / our schools / our party

THEIR
DELES (masculino)
DELAS (feminino)
their car = o carro deles/delas
their mother = a mãe deles/delas
*their mothers = as mães deles/delas
*their parents = os pais deles/delas

their bike / their last name / their city / their job / their hair / their names / their toys / their children

Possessive Case:

Natalia's car - **o carro de/da Natália**
Roberto's house - **a casa de/do Roberto**

Let's Practice! Vamos praticar!

1- Traduza:

a- her family / her brother / her city
_____

b- their names / their mother / their life
_____

c- our parents / our problems / our house
_____

d- my children / my son / my daughter
_____

e- your sister / your last name / your bike
_____

f- his car / his food / his trip
_____

g- my friend's dog _____
h- Ana's husband _____
i- Felipe's wife _____
j- the children's bikes _____

2- Traduza as frases:

a- His parents are not home. _____
b- My aunts live in Rio. _____
c- Her father's name is Claudio. _____
d- Fernando's bike is silver. _____
e- Our birthdays are in May. _____
f- Is your party tomorrow? _____
g- Their dog is very cute! _____
h- What's your mother's name? _____
i- Alice's birthday is in July._____
j- Our countries are very big._____

REVIEW - REVISÃO

1- Responda:

a- Você é tímido/a? _____
b- Em que estado você mora? _____
c- Qual é o seu sobrenome? _____
d- Em que país você nasceu? _____
e- Você tem filhos/irmãos? _____
f- Como eles se chamam? _____
g- Você está de férias agora? _____
h- Onde fica o Brasil? _____
i- Quem está na sua casa agora? _____
j- Com quem você mora? _____
k- Você tem um cachorro/um gato? Como ele se chama? _____
l- Quantos anos os seus pais têm? _____
m- A sua mãe é dona-de-casa? _____
n- Quantas pessoas têm no seu país? _____
o- Você gosta de leite? _____
p- Quais são as cores da bandeira do Brasil? _____
r- Qual é a cor dos seus cabelos? _____
s- O seu pai tem cabelos grisalhos? _____

2- Reescreva as frases no plural:

a- A casa é grande e espaçosa. _____
b- O pão está na prateleira. O ovo está na cesta. _____
c- Onde está a colher e o garfo? _____
d- Meu irmão está no trabalho. _____
e- O lençol está limpo. _____
f- Minha amiga é brasileira. _____
g- A informação é importante. _____

3- Quanto custa?

a- $122 _____
b- R$14,50 _____
c- $2,783 _____
d- R$100 _____
e- $256,879 _____
f- R$12,98 _____

4- Traduza:

a- Tom's eyes _____
b- my friend's house _____
c- our parents _____
d- his dogs _____
e- her family _____
f- the children's toys _____

Tudo bem? Vamos aprender Português!
Aluno(a): _____

EXERCÍCIOS

UNIT 1 - UNIDADE 1   Lesson 4 - Lição 4

1- Answer the questions:
   Responda:

a- De onde você é? (Where are you from?)

b- Qual é o nome da sua mãe? (What's your mother's name?)

c- Onde você está agora? (Where are you now?)

d- Qual é a cor do seu carro? (What color is your car?)

e- Quantos anos tem a sua irmã/ o seu irmão? (How old is your sister/ your brother?)

f- O seu pai é alto ou baixo? (Is your father tall or short?)

g- O português é difícil ou fácil de aprender? (Is Portuguese difficult or easy to learn?)

h- Quando é o seu aniversário? (When is your birthday?)

i- Qual é o seu número de telefone? (What's your phone number?)

j- O Brasil é um país grande ou pequeno? (Is Brazil a big or small country?)

k- E o seu país? (What about your country?)

l- De onde são os seus pais? (Where are your parents from?)

m- Onde está o seu melhor amigo agora? (Where's your best friend now?)

n- Qual é a cor dos seus olhos? (What color are your eyes?)

o- Qual é a sua cor favorita? (What's your favorite color?)

p- Quais são as cores da bandeira do seu país? (What are the colors of your country's flag?)

2- Substitute the subjects for pronouns and use the correct form of the verb TO BE:
   Substitua o sujeito por pronomes pessoais e coloque o verbo SER/ESTAR na forma correta:

a- A Ana e eu (Nós) _____*estamos*_____ contentes com o resultado da prova.
b- O Humberto (   ) _____ colombiano.
c- O João e a Helena (   ) _____ casados há 25 anos.
d- A Carolina (   ) _____ muito quieta no quarto. O que será que está fazendo?
e- A Maria e a sua filha (   ) _____ muito comunicativas e _____ sempre de bom humor.
f- O Roberto e eu (   ) _____ de férias e vamos para Cancun.
g- O meu amigo (   ) _____ na Europa há um mês.

3- Write the words in their plural form:
   Escreva as palavras no plural:

a- massagem (massage)-
b- cordão (necklace) -
c- marrom (brown) -
d- ator (actor) -
e- grão de café (coffee beans) -
f- lençol (sheets) -
g- ovo (egg) -
h- mulher (woman) -
i- coração (heart) -
j- irmã (sister) -
k- homem (man) -
l- imóvel (real estate) -
m- informação (information) -
n- país (country) -
o- caminhão (truck) -
p- cor (color)-

4- Write sentences using the words below:
   Faça frases com as palavras abaixo:

- filhos (children, as in sons and daughters) _____
- trabalho (work) _____
- trinta e sete (37) _____
- deles (their) _____
- castanho (brown, hair/eyes) _____
- ônibus (bus) _____
- país (country) _____
- pais (parents) _____

5- Use the Possessive Adjectives (MY,YOUR,HIS,HER):
   Use os adjetivos possessivos: (MEU/MINHA, SEU/SUA, DELE, DELA)

a- O nome_____ é Alexandre. (he)
b- O _____ pai é do Texas. (I)
c- Qual é o _____ endereço? (you)
d- O livro_____ está na mesa da sala. (she)
e- O carro_____ é grande? (he)
f- A mãe _____ está no Rio, de férias. (she)
g- Onde fica a _____ escola? (you)

" Better late than never." / "Antes tarde do que nunca."

UNIT 2 - UNIDADE 2

DAYS OF THE WEEK
Dias da semana

MONTHS OF THE YEAR
Meses do ano

SEASONS OF THE YEAR
Estações do ano

TIME
Horas

PREPOSITIONS
Preposições

TO EAT, TO DRINK, TO LIKE
Comer, beber, gostar

ORDINAL NUMBERS
Números ordinais

JOBS/PROFESSIONS
Empregos/Profissões

INDEFINITE/DEFINITE ARTICLES
Artigos definidos e indefinidos

UNIT 2 - UNIDADE 2   Lesson 1 - Lição 1

DAYS OF THE WEEK - (OS) DIAS DA SEMANA

Sunday - **Domingo**
Monday - **Segunda-feira**
Tuesday - **Terça-feira**
Wednesday - **Quarta-feira**
Thursday - **Quinta-feira**
Friday - **Sexta-feira**
Saturday - **Sábado**

*When speaking, the word 'feira' can be omitted.
Exemplo:
- Quando você tem aula de piano?
- Segunda, quarta e sexta.

Preposições:
dias da semana - **no, na, nos, nas /às, aos**
meses do ano - **em**
estações do ano - **na, no**

MONTHS OF THE YEAR - (OS) MESES DO ANO

January - **Janeiro**
February - **Fevereiro**
March - **Março**
April - **Abril**
May - **Maio**
June - **Junho**
July - **Julho**
August - **Agosto**
September - **Setembro**
October - **Outubro**
November - **Novembro**
December - **Dezembro**

Exemplos:

- What day is it today? Today is **Tuesday**.
- **Que dia é hoje? Hoje é <u>terça-feira.</u>**

- I don't work **on Sundays**.
- **Eu não trabalho <u>aos domingos.</u>**

- I have a doctor's appt **on Wednesday**.
- **Eu tenho uma consulta médica <u>na quarta-feira.</u>**

- My birthday is **in September**.
- **O meu aniversário é <u>em setembro.</u>**

SEASONS OF THE YEAR - (AS) ESTAÇÕES DO ANO

Spring - **Primavera**
Summer - **Verão**
Fall - **Outono**
Winter - **Inverno**

- How is the weather today? It's raining.
- **Como está o tempo/clima hoje? Está chovendo.**

It is… - **Está…**

- sunny - **com sol / fazendo sol / ensolarado**   (sunny day - **dia de sol**)
- rainy - **chuvoso**   (rainy day - **dia de chuva**)
- sprinkling - **chuviscando**
- muggy/humid - **abafado/úmido**
- windy - **ventando**
- snowing - **nevando**
- cloudy - **nublado**
- foggy - **com neblina**
- hot - **quente (calor)**
- cold - **frio**

- I am freezing - **Estou congelando. / Estou morrendo de frio.**
- It is too windy at the beach today. - **Está ventando muito (demais) na praia hoje.**

- How is the climate in Brazil? It's tropical. / It's hot in the North and Northeast.
- **Como é o clima no Brasil? É tropical. / É quente (Faz calor) no norte e nordeste.**

- I love **Summer**!
- **Eu adoro <u>o verão</u>!**

- What's your favorite season of the year? - **Spring**.
- **Qual é a sua estação do ano favorita? - <u>A primavera.</u>**

Temperature - Temperatura
Fahrenheit   Celsius

100 ——————— 38
90 _____ 32
80 _____ 27
70 _____ 21
60 _____ 16
50 _____ 10
40 _____ 4
32 freezing point 0

CLOCK TIME - (AS) HORAS

* The equivalent of o'clock is '**horas**', except for **one o'clock**, which is '**uma hora**'.
* The 24-hour is used in Portuguese for giving the exact time of flights, appointments, etc. **In everyday conversation, the 12-hour clock is used.**

- What time is it? - **Que horas são?**
  It's 10 o'clock pm. / It's 10 o'clock am. - **São 10 horas da noite. / São 10 horas da manhã.**

- My flight to San Francisco leaves at 9:50pm.
  O meu voo para São Francisco sai <u>às</u> 21h50. (vinte e uma e cinquenta (ou) **nove e cinquenta da noite**)

AM - **da manhã / da madrugada (early hours)**
PM - **da tarde / da noite**

12:00 AM = **meia-noite ou 0 hora**
12:00 PM = **meio-dia ou 12 horas**

half past = **e meia**
(a) quarter is **not** used in Portuguese. Use **fifteen** (quinze) instead.

12:15pm - **meio-dia e quinze (ou doze e quinze)**
12:30pm - **meio-dia e meia (ou doze e trinta)**
12:40pm - **meio-dia e quarenta (ou vinte <u>para</u> a uma)**
12:45pm - **meio-dia e quarenta e cinco (ou quinze <u>para</u> a uma)**

11:50 pm = 23h50min - **vinte e três e cinquenta / onze e cinquenta da noite** (ou) **dez <u>para</u> a meia noite)**
1:35 pm = 13h35min - **treze e trinta e cinco /uma e trinta e cinco da tarde** (ou) **vinte e cinco <u>para</u> as duas)**

Exemplos:

- What time do you leave work? - **A que horas você sai do trabalho?**
  I leave work at 5pm. - **Eu saio do trabalho <u>às</u> 5h da tarde.**

- What time do you study Portuguese? - **A que horas você estuda português?**
  I study Portuguese from 9:30 to 10:30am. - **Eu estudo português <u>das</u> 9h30 <u>às</u> 10h30 da manhã.**

- What time do you have lunch every day? - **A que horas você almoça todos os dias?**
  I have lunch at 12pm/ at 1pm. - **Eu almoço <u>ao</u> meio-dia/ <u>à</u> 1h (uma) da tarde.**

- What time do you go to the market? - **A que horas você vai ao mercado?**
  At about 3pm. / At 3ish.- **<u>Por volta das</u> 3h da tarde. / <u>Às</u> 3h <u>e pouco</u>.**

MY DAILY ROUTINE - A MINHA ROTINA DIÁRIA

Verbos:

acordar - wake up
levantar - get up
lavar o rosto, as mãos - wash the face, the hands
escovar os dentes - brush the teeth
tomar banho - take a shower
fazer a barba - shave (men)
vestir-se, arrumar-se - get dressed
tomar café da manhã - have breakfast
sair de casa - leave home
dirigir - drive
pegar o ônibus, o metrô - take the bus, the subway
chegar (no trabalho) - arrive, get
almoçar - have lunch
lanchar, fazer um lanche - have a snack
sair do trabalho - leave work
ir para casa, para a academia - go home, go to the gym
jantar - have dinner
assistir TV / ver TV - watch TV
ir dormir - go to bed
dormir - sleep

* **depois** - after that
* **aí** - then
* **às 7h** - at 7:00
* **por volta das 7h** - at around 7:00
* **às 7h e pouco** - at 7ish

Eu **acordo** às 7h30, **tomo** banho, me **arrumo** (me **visto**) e **tomo** o café da manhã. Eu **saio** de casa às 8h30 e **dirijo** até o trabalho. Eu **chego** no trabalho por volta das 9h. Eu **almoço** ao meio-dia. Eu **tenho** uma hora de almoço. Depois, **trabalho** até as 7h da noite. Eu geralmente **lancho** (**faço** um lanche) às 5h e pouco. Depois do trabalho, **vou** para a academia e só chego em casa às 9h da noite. Aí, **tomo** um banho, **janto** e **assisto** um pouco de TV. **Vou** dormir (**Durmo**) por volta das 11h da noite.

Fevereiro a Julho

A ROTINA DA LAURA

HORA	SEGUNDA	TERÇA	QUARTA	QUINTA	SEXTA	SÁBADO
7:30/12:45	COLÉGIO	COLÉGIO	COLÉGIO	COLÉGIO	COLÉGIO	
8:30/9:30	REDAÇÃO	MATEMÁTICA	HISTÓRIA	REDAÇÃO	GEOGRAFIA	AULA DE NATAÇÃO
13:30	ALMOÇO	ALMOÇO	ALMOÇO	ALMOÇO	ALMOÇO	
15:00/16:30		CURSO DE INGLÊS		CURSO DE INGLÊS		AULA DE TEATRO
17:00/18:15	BALÉ	VIOLÃO	BALÉ	CAPOEIRA		
19:00	DEVER DE CASA	DEVER DE CASA	DEVER DE CASA	DEVER DE CASA	DEVER DE CASA	
20:00	JANTAR	JANTAR	JANTAR	JANTAR	JANTAR	
22:00	DORMIR	DORMIR	DORMIR	DORMIR	DORMIR	

Aulas escolares da semana

HORA	SEGUNDA	TERÇA	QUARTA	QUINTA	SEXTA
7:30/8:30	PORTUGUÊS	MATEMÁTICA	BIOLOGIA	QUÍMICA	LITERATURA
8:30/9:30	REDAÇÃO	MATEMÁTICA	HISTÓRIA	REDAÇÃO	GEOGRAFIA
9:30/10:00	**INTERVALO**	**INTERVALO**	**INTERVALO**	**INTERVALO**	**INTERVALO**
10:00/11:00	GEOGRAFIA	RELIGIÃO	QUÍMICA	PORTUGUÊS	SOCIOLOGIA
11:00/12:00	FÍSICA	REDAÇÃO	ESPANHOL	HISTÓRIA	EDUCAÇÃO FÍSICA
12:00/12:45	SOCIOLOGIA	INGLÊS	MATEMÁTICA	FILOSOFIA	EDUCAÇÃO FÍSICA

Let's Practice! Vamos praticar!

1- Responda:

a- Quando você estuda português?
b- Quando é o aniversário do seu pai?
c- Você trabalha aos sábados?
d- Quando é o Halloween?
e- O que você adora fazer?
f- A que horas você geralmente janta?
g- Que horas são agora?
h- O que você gosta de assistir na TV?
i- A que horas você vai dormir?
j- Qual é a sua rotina diária?
k- O que você gosta de fazer no verão?
l- Como é o inverno na sua cidade? Tem neve? / Neva?

2- Qual é a rotina da Alice?

Tudo bem? Vamos aprender Português!

Aluno(a): _____

UNIT 2 - UNIDADE 2   **Lesson 1 - Lição 1**

EXERCÍCIOS

1- What time is it?
   Que horas são?

a- 14:45 _____
b- 23:30 _____
c- 9:15 _____
d- 12:55 _____
e- 24:00 _____
f- 12:30 _____
g- 15:00 _____
h- 10:40 _____
i- 7:17 _____
j- 19:25 _____

2- Answer the questions:
   Responda:

a- Que dia da semana é hoje? _____
b- Em que mês você nasceu? _____
c- Você prefere o verão ou o inverno? _____
d- Como está o tempo hoje? _____
e- A que horas você sai do trabalho? _____
f- Você trabalha nos fins de semana? _____
g- Qual é o mês do aniversário da sua mãe? _____
h- Quando é comemorado o Dia da Independência dos Estados Unidos? _____
i- Em que estação do ano estamos agora? _____
j- A que horas você acorda todos os dias? _____
k- Qual é a sua estação do ano favorita? _____

3- Write about your daily routine:
   Escreva a sua rotina diária:

_____
_____
_____
_____
_____

4- Fill out the sentences using the possessive adjectives:
   Complete as frases usando os adjetivos possessivos:

a- O meu cachorrinho é muito lindo. O nome _____ é Dingo.
b- Qual é o nome da sua mãe? O nome _____ é Marly.
c- Estamos na escola agora. A _____ escola é muito boa.
d- A Débora e a Aline são muito amigas. A casa _____ fica em São Paulo.
e- A Tatiana tem um namorado americano. O nome _____ é Jacob.
f- Eu tenho um iPhone novo. A cor _____ é dourado.
g- Eu sou do Texas. A maioria dos _____ amigos são do Texas também.
h- Sim, temos dois cachorros. Os _____ cachorros são treinados e muito amáveis.
i- O Tom e o Mark adoram batata frita. É a comida favorita _____.

5- Write down the numbers and years:
   Escreva os números e anos:

a- 2,877 _____
b- 1993 _____
c- 78,448 _____
d- 120 _____
e- 2020 _____

6- Write the words in their plural form:
   Escreva as palavras no plural:

a- pão _____
b- batom _____
c- lição _____
d- inútil _____
e- mão _____
f- animal _____
g- favor _____
h- viagem _____
i- alemão _____
j- juiz _____
k- azul _____
l- jornal _____
m- amor _____
n- luz _____

UNIT 2 - UNIDADE 2   Lesson 2 - Lição 2

PREPOSITIONS OF PLACE - (AS) PREPOSIÇÕES DE LUGAR:

DENTRO DO/DA - **A bola está <u>dentro da</u> caixa.** (INSIDE the box)
NO/NA - **A bola está <u>na</u> caixa.** (IN the box)
EM CIMA DO/DA - **A bola está <u>em cima da</u> caixa.** (ON the box)
PERTO DO/DA - **A bola está <u>perto da</u> caixa.** (NEAR the box)
LONGE DO/DA - **A bola está <u>longe da</u> caixa.** (FAR from the box)
DEBAIXO ou EMBAIXO DO/DA - **A bola está <u>debaixo/embaixo da</u> caixa.** (UNDER the box)
ATRÁS DO/DA - **A bola está <u>atrás da</u> caixa.** (BEHIND the box)
EM FRENTE DO/DA - **A bola está <u>em frente da</u> caixa.** (IN FRONT OF the box)
ENTRE - **A bola está <u>entre</u> as caixas.** (BETWEEN the boxes)
AO LADO DO/DA - **A bola está <u>ao lado da</u> caixa.** (BESIDE the box)
ACIMA DO/DA - **A bola está <u>acima da</u> caixa.** (OVER and ABOVE the box)
ABAIXO DO/DA - **A bola está <u>abaixo da</u> caixa.** (BELOW the box)
À DIREITA DO/DA - **A bola está <u>à direita</u> da caixa.** (ON THE RIGHT)
À ESQUERDA DO/DA - **A bola está <u>à esquerda</u> da caixa.** (ON THE LEFT)

NO(S)/NA(S) - ÀS/AOS
*<u>os dias da semana</u> (days of the week): **na** segunda-feira (singular), **no** sábado (singular), **aos** sábados e domingos (plural), **às** terças e quintas (plural)

- **A Daniela não trabalha <u>aos</u> domingos.** (Daniela doesn't work <u>on</u> Sundays.)
- **O Diego vai viajar <u>na</u> quarta-feira.** (Diego is going to travel <u>on</u> Wednesday.)

<u>singular:</u>
na segunda, **na** terça, **na** quarta, **na** quinta, **na** sexta
no sábado, **no** domingo
<u>plural:</u>
nas/às (both ways are used) segundas, terças, quartas, quintas, sextas
nos/aos (both ways are used) sábados, domingos

*<u>as estações do ano</u> (seasons of the year): **no** verão, **na** primavera

- **Nós sempre viajamos para Aspen <u>no</u> inverno.** (We always travel to Aspen <u>in the</u> winter.)
- **Nova York fica linda <u>no</u> outono!** (New York is beautiful <u>in the</u> fall!)

*<u>os países</u> (countries): **no** Brasil, **na** Itália, **nos** Estados Unidos, **em** Cuba, **em** Porto Rico, **em** Portugal
*<u>os estados</u> (states): **na** Flórida, **no** Texas, **no** Rio de Janeiro, **na** Virgínia, **em** Nova York, **em** Ohio, **em** Michigan
*<u>as cidades</u> (cities): **no** Rio de Janeiro, **na** Filadélfia, **em** Nova York, **em** Buenos Aires, **em** Miami, **em** São Paulo

- There is <u>no rule</u> on how to use <u>NO, NA or EM</u> when talking about countries, states or cities.

as refeições (meals): **no** café da manhã (for breakfast), **no** almoço (for lunch), **no** lanche (for a snack), **no** jantar (for dinner)

- **O que você gosta de comer no café da manhã?** (What do you like to eat <u>for</u> breakfast?)
- **Ele sempre come um sanduíche de peru no lanche da tarde.** (He always eats a turkey sandwich <u>for</u> his afternoon snack.)

*os lugares (places): **no** hotel, **na** academia, **na** igreja, **no** supermercado, **no** clube, ***em** casa

- **Onde está a Dona Maria?** (Where's Mrs Maria?)
  Ela está na igreja. (She's <u>at</u> church.)
- **E as crianças?** (What about the kids?)
  Estão no clube. (They are <u>in the</u> club.)

EM
- <u>os meses do ano</u> (months of the year): **em** Dezembro, **em** Fevereiro
- <u>os anos</u> (years): **em** 1989, **em** 2015

ÀS/À/AO - **as horas** (time)

- **Eu acordo às 7h todos os dias.** (I wake up <u>at</u> 7 every day.)
- **Ela almoça à 1h da tarde.** (She has lunch <u>at</u> 1pm.)
- **Ela sai da escola ao meio-dia na sexta-feira.** (She leaves school <u>at</u> noon on Friday.)

DE

de manhã, **de** tarde, **de** noite / ou **de** manhã, **à** tarde, **à** noite.

- **Você estuda Português de manhã, à/de tarde ou à/de noite?** (Do you study Portuguese <u>in</u> the morning, <u>in</u> the afternoon or <u>in</u> the evening?)
- **De tarde / À tarde.** (<u>In</u> the afternoon.)

*os meios de transporte (means of transportation)

de carro (by car), **de** ônibus (by bus), **de** táxi (by taxi), **de** avião (by plane), **de** metrô (by subway), **de** trem (by train), **de** bicicleta (by bicycle), **de** barco (by boat), **de** motocicleta (by motorcycle), **de** helicóptero (by helicopter)
a pé (on foot)

- **Eu vou para o trabalho de metrô.** (I take the subway to work. / I go to work <u>by</u> subway.)
- **Ele vai a pé para o colégio.** (He walks to school. / He goes to school <u>on</u> foot.)

school = escola ou colégio
college = faculdade

DAS/DA/DO… ÀS/AO/À (from…to)
DE…A
- **Eu estudo Português das 10h ao meio-dia.** (I study Portuguese <u>from</u>10 <u>to</u> 12pm.)
- **Eu jogo tênis das 2h às 3h30 da tarde.** (I play tennis <u>from</u> 2 <u>to</u> 3:30 pm.)
- **Ele trabalha das 8h às 5h.** (He works <u>from</u> 8 <u>to</u> 5pm.)
- **Eles trabalham de 9 a 10 horas por dia.** (They work 9 <u>to</u> 10 hours a day.)

em +	o, a, os, as	**no, na, nos, nas**	in, on, at (the)
	um, uma, uns, umas	**num, numa, nuns, numas**	in a, on a, at a
	este, esta, estes, estas	**neste, nesta, nestes, nestas**	in this, in these
	esse, essa, esses, essas	**nesse, nessa, nesses, nessas**	(in this, in these)
	aquele, aquela, aqueles, aquelas	**naquele, naquela, naqueles, naquelas**	in that, in those
	ele, ela, eles, elas	**nele, nela, neles, nelas**	in him, in her, in it, in them
de +	o, a, os, as	**do, da, dos, das**	from (the), of (the)
	um, uma, uns, umas	**dum, duma, duns, dumas**	from a, of a
	este, esta, estes, estas	**deste, desta, destes, destas**	from this, from these
	esse, essa, esses, essas	**desse, dessa, desses, dessas**	(from this, from these)
	aquele, aquela, aqueles, aquelas	**daquele, daquela, daqueles, daquelas**	from that, from those
	ele, ela, eles, elas	**dele, dela, deles, delas**	from him, from her, from them

Exemplos:

a- Eles estão **no** Brasil agora. - They are in Brazil now.
b- Moro **numa** cidade pequena. - I live in a small city.
c- Os documentos estão **nessa** gaveta aqui. - The documents are in this drawer over here.
d- Há vários alunos novos **naquela** escola perto da sua casa. - There are many new students in that school close to your house.
e- Eu não confio **nela**. - I don't trust her.
f- Eles são **da** Alemanha. Eu sou **dos** Estados Unidos. - They are from Germany. I am from the USA.
g- Eu sou **dum** país muito grande. - I am from a very big country.
h- Meu pai não é **dessa** cidade. - My father is not from this city.
i- Essas flores são **daquela** floricultura perto da sua casa. - These flowers are from that flower shop near your house.
j- Ganhei um presente **dele** ontem. - I got a present from him yesterday.

Let's Practice! Vamos praticar!

Tudo bem? Vamos aprender Português!

Aluno(a): _____

UNIT 2 - UNIDADE 2   **Lesson 2 - Lição 2**

EXERCÍCIOS

1- Use the correct prepositions:
   Use as preposições corretas:

a- Os <u>talheres</u> (silverware) estão _____ da <u>gaveta</u> (drawer) e os <u>copos</u> (glasses) estão _____ da <u>mesa</u> (table).

b- O Jaime trabalha _____ 7h da manhã _____ 4h da tarde. Ele vai para o trabalho _____ ônibus. _____ <u>fins de semana</u> (weekends), ele <u>acorda</u> (to wake up) _____ 8h30 e <u>joga</u> (to play) futebol com os amigos _____ 10h _____ meio-dia. A casa dele fica _____ do clube e ele vai _____ bicicleta.

c- _____ verão, gosto de viajar com a minha família. Ano passado, fomos _____ avião para a Costa Rica. Ficamos _____ Hotel Hilton e adoramos!

d- O gato adora ficar <u>escondido</u> (hidden) _____ do sofá.

e- Moro _____ Rio de Janeiro, mas gostaria de morar _____ São Paulo ou talvez _____ Bahia.

f- Gosto de ficar _____ casa _____ domingos.

g- Eu trabalho _____ 8h _____ 5h todos os dias.

h- Ele vai conhecer a Irlanda _____ Setembro.

i- Gosto de tomar <u>vinho quente</u> (hot wine) _____ inverno.

j- Você estuda _____ manhã ou _____ tarde?

k- Ela mora _____ da <u>padaria</u> (bakery). (near)

l- O supermercado fica _____ da farmácia. (beside)

2- Write sentences using the prepositions below:
   Escreva frases usando as preposições abaixo:

a- embaixo _____
b- atrás _____
c- das … às _____
d- em _____
e- longe _____
f- em cima _____
g- às _____
h- no _____

UNIT 2 - UNIDADE 2   Lesson 2 - Lição 2

ORAL REVIEW - REVISÃO ORAL

1- How can I say … in Portuguese?
   Como se diz…. em Português?

a- Good morning! / Good afternoon! / Good evening/night!

b- What time is it? It's 10pm. / 8:15am / 2:30pm

c- I am at work. / at home / at the supermarket / at the store

d- My favorite color is blue. / black / purple / gray / pink

e- Nice to meet you.

f- I go to work by bus. / by motorcycle / by subway

g- The book is near / far from / beside the computer.

h- The box is under the bed.

i- Monday, Tuesday, Wednesday, Thursday, Friday, Saturday, Sunday

j- How's the weather today? It's hot. / cloudy / windy

k- Do you have a boyfriend? / a husband / a fiancé

l- She doesn't work on Sundays. / on Mondays

m- She is blonde. / brunette / red-haired

n- Spring, Summer, Fall, Winter

o- My eyes are dark brown. / green / blue

p- I'm not from the US. / Argentina / Mexico / Cuba

q- When is your birthday?

   In March

   On March 01st.

   On March 02nd.

r- I have lunch at 12:30pm every day.

s- I study Portuguese in the morning. / in the afternoon / in the evening / at 9am / at 3pm / at 7pm

t- I work from 9 to 5.

u- I like cheese. / bread / sausage / you / my dog / my teacher

UNIT 2 - UNIDADE 2   Lesson 3 - Lição 3 - Parte 1

VERBOS:

comer - to eat
beber / **tomar** - to drink
gostar (de) - to like

VOCABULÁRIO:

pão - bread
queijo - cheese
presunto - ham
manteiga - butter
ovos - eggs
cereal - cereal
aveia - oatmeal
fruta - fruit
salada - salad
arroz - rice
feijão - beans
carne - red meat
peixe - fish
frango - chicken
batata - potato
macarrão - spaghetti

leite - milk
café - coffee
água - water
suco - juice
refrigerante - soda
chá - tea
cerveja - beer
vinho - wine

- **no café da manhã** - for breakfast
- **no almoço** - for lunch
- **no jantar** - for dinner

- **de manhã** - in the morning
- **de/à tarde** - in the afternoon
- **de/ à noite** - in the evening/ at night
- **todos os dias, todo dia** - every day

Exemplos:

- Eu como pão com queijo **no** café da manhã. - I eat bread and cheese for breakfast.
- Eu bebo leite **todo dia**. - I drink milk every day.
- Eu gosto de beber café com leite **de** manhã. - I like to drink coffee and milk in the morning.
- Eu como carne e bebo vinho **à** noite. - I eat red meat and drink wine at night.
- O que você gosta de comer **no** jantar? Eu gosto de ... - What do you like to eat for dinner? I like ...

USO DOS VERBOS:

Afirmativa:

COMER	BEBER	GOSTAR
Eu com**o**	Eu beb**o**	Eu gost**o**
Você com**e**	Você beb**e**	Você gost**a**
Ele/Ela com**e**	Ele/Ela beb**e**	Ele/Ela gost**a**
Nós com**emos**	Nós beb**emos**	Nós gost**amos**
Vocês com**em**	Vocês beb**em**	Vocês gost**am**
Eles/Elas com**em**	Eles/Elas beb**em**	Eles/Elas gost**am**

Negativa:

COMER	BEBER	GOSTAR
Eu não com**o**	Eu não beb**o**	Eu não gost**o**
Você não com**e**	Você não beb**e**	Você não gost**a**
Ele/Ela não com**e**	Ele/Ela não beb**e**	Ele/Ela não gost**a**
Nós não com**emos**	Nós não beb**emos**	Nós não gost**amos**
Vocês não com**em**	Vocês não beb**em**	Vocês não gost**am**
Eles/Elas não com**em**	Eles/Elas não beb**em**	Eles/Elas não gost**am**

Exemplos:

- **Eu como pão de manhã.** = I eat bread in the morning.
- **Eu não como pão de manhã.** = I don't eat bread in the morning.

- **Ela gosta de peixe.** = She likes fish.
- **Ela não gosta de peixe.** = She doesn't like fish.

- **Você gosta de comer queijo?** = Do you like to eat cheese?
  Sim, (eu) gosto. / Não, (eu) não gosto. = Yes, I do. / No, I don't.

- **Ele come carne?** = Does he eat red meat?
  Sim, ele come carne. = Yes, he eats red meat.
  Não, ele não come carne. = No, he doesn't eat red meat.

- **Você bebe cerveja?** = Do you drink beer?
  Sim, (eu) bebo. = Yes, I do.
  Não, (eu) não bebo. = No, I don't.

1- Translate the sentences to Portuguese:
   Traduza as frases para o português:

a- I eat bread, ham and cheese for breakfast.
___

b- I drink juice in the afternoon.
___

c- I eat salad and chicken for lunch.
___

d- I drink water every day. I drink milk in the morning.
___

e- I like to eat red meat and potatoes for dinner.
___

f- I don't like red meat but I like chicken.
___

g- I like to drink tea every day.
___

h- I eat salad, fish and rice at night and I drink water.
___

i- He drinks beer every weekend.
___

j- What do you like to eat for dinner?
___

k- We don't eat anything in the morning.
___

l- She likes to eat cereal with milk for breakfast.
___

m- Do you like oatmeal? Yes, I like oatmeal with fruit.
___

n- They like spaghetti and wine at night.
___

o- What do you want to drink: soda or juice?
___

2- Write sentences using the words below:
   Escreva frases com as palavras abaixo:

a- manteiga ___
b- refrigerante ___
c- de manhã ___
d- no almoço ___
e- todo dia ___
f- arroz e feijão ___

53

3- Link and then classify the words:
   Ligue e depois classifique as palavras:

ice cream	leite
Coke	água
rice and beans	geleia
coffee	macarrão
red meat	bolo
chicken	suco
cake	sorvete
spaghetti	torta de maçã
apple pie	Coca-Cola
pizza	peixe
milk	café
tea	chá
water	frango
fish	pizza
juice	arroz e feijão
jelly	carne

Salgados	Doces	Bebidas

UNIT 2 - UNIDADE 2   Lesson 3 - Lição 3 - Parte 2

ORDINAL NUMBERS - (OS) NÚMEROS ORDINAIS

first - **primeiro**
second - **segundo**
third - **terceiro**
fourth - **quarto**
fifth - **quinto**
sixth - **sexto**
seventh - **sétimo**
eighth - **oitavo**
ninth - **nono**
tenth - **décimo**
eleventh - **décimo primeiro**
twelfth - **décimo segundo**
thirteenth - **décimo terceiro**
fourteenth - **décimo quarto**
fifteenth - **décimo quinto**
sixteenth - **décimo sexto**
seventeenth - **décimo sétimo**
eighteenth - **décimo oitavo**
nineteenth - **décimo nono**
twentieth - **vigésimo**
twenty-first - **vigésimo primeiro**
thirtieth - **trigésimo**
fortieth - **quadragésimo**
fiftieth - **quinquagésimo**
sixtieth - **sexagésimo**
seventieth - **septuagésimo**
eightieth - **octogésimo**
ninetieth - **nonagésimo**
hundredth - **centésimo**
thousandth - **milésimo**
millionth - **milionésimo**
billionth - **bilionésimo**

- Today is the 16th. - **Hoje é dia 16**. **(dezesseis)**
- He was born on May 5th, 2008. - **Ele nasceu no dia 5 de maio de 2008.** (dois mil e oito)
- I live on the 24th floor. - **Eu moro no vigésimo quarto andar.**
- It's the third time I call him today. - **É a terceira vez que eu ligo para ele hoje.**
- She was ninth in the marathon. - **Ela ficou em nono lugar na maratona.**

Letters and official documents - Cartas e documentos oficiais:
* the date is preceded by the name of the place.
* years are read as if they were numbers.

- Rio de Janeiro, January 15th, 2017. - **Rio de Janeiro, 15 de janeiro de 2017. (dois mil e dezessete)**

* Centuries are expressed with cardinal numbers.

- the 21st century - **o século 21 ou XXI (vinte e um)**
- in the 4th century BC - **no século IV (quatro) a.C. (antes de Cristo)**

Fractions - Frações:

- a tenth of GDP (Gross Domestic Product) - **um décimo do PIB.** (Produto Interno Bruto)
- two thirds of the population - **dois terços da população.**

- three and a half liters of milk - **três litros e meio de leite.**
- I ate half an apple - **Comi meia maçã.**

- the other half of the group - **a outra metade do grupo.**
- He ate half (of) the cake himself. - **Ele comeu a metade do bolo sozinho.**

Decimal fractions - Frações decimais

- **0,05 - zero vírgula zero cinco**   *comma = vírgula
- **8,75 - oito vírgula setenta e cinco**

- stocks - **ações da bolsa de valores** / stock market - **bolsa de valores**

Percentages - Porcentagens

- 60% (per cent) of voters - **sessenta por cento dos eleitores**
- The annual rate of inflation went above 10% - **O índice anual de inflação ultrapassou os 10% (dez por cento).**

Monetary amounts - Quantias monetárias / Decimal fractions - Frações decimais
* Decimal fractions are written in Portuguese with a comma in place of the decimal point. In speech, they are separated by "e", as the example below.

- The ticket cost $8.50 - **O ingresso custou oito dólares e cinquenta centavos.** (= oito e cinquenta)
- R$8,50 - **oito reais e cinquenta centavos**

- I pay R$2.637,00 a month for rent. - **Eu pago dois mil, seiscentos e trinta e sete reais por mês de aluguel.**
- The total amount of the mortgage is $225,577.00 - **O valor total da hipoteca/do financiamento é de duzentos e vinte e cinco mil, quinhentos e setenta e sete dólares.**

Monarchs, Popes - Monarcas, Papas
* With names of monarchs, popes, etc. ordinal numbers are used up to ten and then cardinals. The number is usually written in Roman numerals.

- D. Pedro I - **Dom Pedro I (primeiro)** (primeiro Imperador do Brasil)
- Pope Benedict XVI - **Papa Bento XVI (dezesseis)**

Tudo bem? Vamos aprender Português!
Aluno(a): _____

UNIT 2 - UNIDADE 2   **Lesson 3 - Lição 3 - Parte 2**

EXERCÍCIOS

1- Write down the ordinal numbers in the following sentences:
   Escreva os números ordinais nas frases seguintes:

a- Ele ficou em _____ (5) lugar (place) na competição.
b- Eles moram (live) no _____ (19) andar (floor).
c- Eles comemoraram o _____ (50) aniversário da empresa.(company)
d- Ela chegou em _____(24) lugar na maratona.
e- Fui o _____ (1) a chegar na festa (party).
f- O tenista brasileiro alcançou a _____ (37) colocação (position) do ranking mundial.
g- O restaurante já está em seu _____ (11) ano (year).
h- Este mês, a revista (magazine) chega a sua _____ (1000) edição. (edition)

2- Write down the prices:
   Escreva os preços:

How much is….?
Quanto custa…?

a- este carro? R$ 83.567,00 _____
_____

b- uma bisnaga?(a loaf of bread) R$2,15.
_____

c- o seu aluguel (rent) em Miami Beach? $2,138.00
_____

d- um apartamento no Central Park? Na faixa de (Around) $20.5m
_____

e- um quilo (1 kg) de batatas (potatoes)? Uns R$5,00 _____

f- uma diária (daily rate) no Ritz Carlton? Acima de $600 _____

g- um lanche (snack) no Mc Donald's? Mais ou menos (About) $6.75_____

3- Answer the questions:
   Responda:

a- Quando é o Halloween?
_____

b- O que você gosta de fazer no verão?
_____

c- O que tem ao lado da sua casa?
_____

d- Que horas são agora?
_____

e- Quanto custa uma Ferrari?
_____

f- Em que andar você mora?
_____

g- O que você geralmente come no almoço?
_____

h- Quantas horas você trabalha/estuda por dia?
_____

i- Quantas vezes você escova os dentes por dia?
_____

j- Você faz o seu almoço ou come na rua?
_____

k- Como está o tempo hoje na sua cidade?
_____

l- Você mora perto ou longe do trabalho/do colégio?
_____

m- Como você vai para o trabalho/colégio?
_____

n- O que você gosta de comer de manhã?
_____

o- Quanto custa o *seguro do seu carro?
_____

seguro do carro = car insurance
seguro de vida = life insurance
plano de saúde / convênio = health insurance

4- Translate the sentences:
   Traduza as frases:

a- Her family is from Italy._____
b- My father's friend is a famous doctor._____
c- Lia's son is at college now._____
d- His life is wonderful._____
e- Her job is very nice._____
f- Your documents are here._____
g- Our family is big._____

UNIT 2 - UNIDADE 2   Lesson 4 - Lição 4

JOBS/ PROFESSIONS - EMPREGOS, TRABALHOS / PROFISSÕES

Alguns exemplos:

- dentist - **dentista**
- graphic designer - **designer gráfico**
- electrician - **eletricista**
- engineer - **engenheiro(a)**
- doctor - **médico(a)**
- pilot - **piloto**
- architect - **arquiteto(a)**
- taxi driver - **motorista de táxi, taxista**
- journalist - **jornalista**
- computer programmer - **programador(a)**
- photographer - **fotógrafo(a)**
- producer - **produtor(a)**
- housekeeper - **faxineira(o)**
- housewife - **dona-de-casa**
- waiter/waitress - **garçom / garçonete**
- painter - **pintor(a)**
- receptionist - **recepcionista**
- secretary - **secretária(o)**
- actor/actress - **ator/atriz**
- writer - **escritor(a)**
- teacher - **professor(a)**
- singer - **cantor(a)**
- bank manager - **gerente de banco**
- pharmacist - **farmacêutico(a)**
- cook - **cozinheiro(a)**
- mechanic - **mecânico(a)**
- scientist - **cientista**

- lawyer - **advogado(a)**
- gardener - **jardineiro(a)**
- butcher - **açougueiro(a)**
- hairdresser - **cabeleireiro(a)**
- barber - **barbeiro**
- driver - **motorista**
- flight attendant - **comissário(a) de bordo**
- salesman/woman, sales associate - **vendedor(a)**
- businessman/woman (entrepreneur) - **empresário(a)**
- farmer - **fazendeiro(a)**
- fireman - **bombeiro**
- policeman/woman - **policial**
- mailman - **carteiro(a)**
- tour guide - **guia de turismo**
- accountant - **contador(a)**
- realtor - **corretor(a) de imóveis**
- street vendor - **camelô, vendedor(a) de rua**
- nurse - **enfermeiro(a)**
- student - **estudante**
- retired - **aposentado(a)**

- What do you do? - **O que você faz? / Qual é a sua profissão?/ Você trabalha com o quê?**
  I'm a secretary. - **Eu sou secretária.** (no article before the profession)
  I'm an engineer. - **Eu sou engenheiro.**

- What does she do? - **O que ela faz? / Qual é a profissão dela?**
  She's a doctor. - **Ela é médica.**
  She's an architect. - **Ela é arquiteta.**

INDEFINITE ARTICLES: A / AN
ARTIGOS INDEFINIDOS: UM, UMA (singular) / UNS, UMAS (plural)

Exemplos:

a car - **um carro**
a house - **uma casa**
a dog - **um cachorro**
an apple - **uma maçã**

an orange - **uma laranja**
an umbrella - **uma sombrinha/ um guarda-chuva**

some forks - **uns (alguns)** garfos
some people - **umas (algumas)** pessoas

DEFINITE ARTICLE: THE
ARTIGOS DEFINIDOS: O, A, OS, AS

Exemplos:

- The car is in the garage. - **O carro está na garagem.**
- Where are the girls? - **Onde estão as meninas?**
- The boy is at home now. - **O menino está em casa agora.**
- The kids are at school. - **As crianças estão na escola.**
* France is a beautiful country. - **A França é um país lindo.**
* Politicians don't always speak the truth. - **Os políticos nem sempre falam a verdade.**
* Russian is a difficult language. - **O russo é uma língua difícil.**

- used with names of most countries and some states, cities and neighborhoods.
- **usados com os nomes da maioria dos países e alguns estados, cidades e bairros.**

* **O** Brasil, **a** China, **a** Colômbia, **os** Estados Unidos / Portugal, Porto Rico, Moçambique, Cuba **(sem artigo)**
* **A** Bahia, **o** Rio de Janeiro, **a** Califórnia, **a** Pensilvânia, **o** Colorado / São Paulo, Minas Gerais, Santa Catarina, Nova Jersey, Nova Iorque, Montana **(sem artigo)**
* **O** Rio de Janeiro, **o** Recife / São Paulo, Florianópolis, Miami, Chicago, Denver **(sem artigo)**
* **A** Lapa, **o** Leme, **o** Centro (no Rio de Janeiro) / Copacabana, Ipanema, Leblon **(sem artigo)**

- with proper names (optional) and names of companies. - **com nomes próprios (opcional) e nomes de empresas.**
- before the possessive adjectives (optional) - **antes dos adjetivos possessivos (opcional)**

* **A** Susana, **O** Marcos, **O** Presidente _____, **A** Dra.(doutora) Ana, **O** Sr. (senhor) Jorge Santos.
* **A** Petrobrás, **A** Apple, **A** Microsoft.
* **O** meu carro, **o** nosso apartamento, **o** seu escritório.

Tudo bem? Vamos aprender Português!

Aluno(a): _____

UNIT 2 - UNIDADE 2   Lesson 4 - Lição 4

EXERCÍCIOS

1- Find ten professions below:
   Encontre dez profissões abaixo:

B	A	N	C	Á	R	I	O	R	E
D	R	E	I	O	C	I	D	É	M
O	C	P	P	I	N	T	O	R	P
G	A	R	Ç	O	M	I	S	D	R
P	I	L	O	T	O	S	I	E	E
A	T	I	A	N	L	T	G	N	S
E	S	C	R	I	T	O	R	A	Á
A	T	R	I	Z	K	Y	E	I	R
P	R	O	F	E	S	S	O	R	I
E	N	G	E	N	H	E	I	R	O

2- Put the conversation in the right order:
   Coloque a conversa na ordem certa:

_____ Eu sou piloto. E você?

_____ Oi, Jorge!

_____ Oi, Beto. Tudo bem? Esta é minha amiga Rita.

_____ O prazer é meu, Beto. Qual é a sua profissão?/O que você faz?/Você trabalha com o quê?

_____ Oi, Rita. Prazer em conhecê-la.

_____ Eu sou dentista.

3- Complete the professions:
   Complete as profissões:

- Ela é fot_____.
- Ele é m_____.
- Você é corr_____ de imóveis?
- A Carla é de_____.
- Eles são cien_____ renomados. (well-known)
- O meu tio é pol_____.
- Vou ao cabel _____ todo mês.

4- Write questions:
   Faça perguntas:

   a. _____?
   Ele é um cantor famoso.

   b. _____?
   Eles vão para a escola de carro.

   c. _____?
   A Jaqueline tem 18 anos.

   d. _____?
   O telefone dele é 305-768-6675.

   e. _____?
   Sim, sou.

5- Write sentences using the words below:
   Escreva frases com as palavras abaixo:

   a- casado _____
   b- eletricista _____
   c- treze _____
   d- cachorro _____
   e- dela _____
   f- feliz _____

6- Fill in the blanks with the correct definite or indefinite articles:
   Complete as frases com os artigos definidos ou indefinidos:

a- _____ Dr. Francisco Paiva mora em Portugal, mas _____ filhos e _____ esposa (wife) dele moram na Inglaterra.

b- _____ praia (beach) está vazia hoje. _____ mar (sea) está poluído e _____ pessoas preferiram ir ao clube.

c- Tenho _____ apartamento de 4 quartos (bedrooms) no Leblon. _____ Rio de Janeiro é a minha segunda casa, porque _____ minha empresa fica em São Paulo.

d- Pegue (Get) _____ seus lápis-de-cor (colored pencils), _____ seu caderno (notebook) e _____ sua mochila (backpack), por favor.

e- _____ McDonald's é _____ maior vendedor (seller) de fast food do mundo.

f- _____ óculos-de-sol (sunglasses) estão na gaveta (drawer) da sala (living room). _____ protetor solar (sunscreen), _____ toalhas (towels), _____ lanche (snack) e _____ cervejas (beers) já estão na bolsa (bag).

g- Tem _____ pessoas que realmente não são confiáveis (trustworthy). Ficam tentando vender (to sell) _____ produtos de baixa qualidade ou falsificados pelo preço de original.

h- _____ Mariana e _____ David estão namorando (dating). _____ dois vivem juntos o tempo todo, igual chiclete (bubble gum)!

"The sooner, the better" / "Quanto antes, melhor."

UNIT 3 - UNIDADE 3

COUNTRIES AND NATIONALITIES
Países e nacionalidades

OPPOSITES
Antônimos

DESCRIBING PEOPLE
Descrevendo pessoas

EVERYDAY SENTENCES
Frases do dia a dia

THE FAMILY
A família

PRESENT PROGRESSIVE TENSE
Presente Contínuo

CLOTHING
Vestuário

UNIT 3 - UNIDADE 3   Lesson 1 - Lição 1

COUNTRIES AND NATIONALITIES - PAÍSES E NACIONALIDADES

Alguns exemplos:

- Brasil	Brasileiro(a)
- Estados Unidos	Americano(a)
- Espanha	Espanhol(a)
- Itália	Italiano(a)
- Japão	Japonês(a)
- Colômbia	Colombiano(a)
- Canadá	Canadense
- México	Mexicano(a)
- Inglaterra	Inglês(a)
- Alemanha	Alemão(ã)
- Peru	Peruano(a)
- França	Francês(a)
- Argentina	Argentino(a)
- Índia	Indiano(a)
- Rússia	Russo(a)
- Portugal	Português(a)
- Egito	Egípcio(a)
- Austrália	Australiano(a)
- Cuba	Cubano(a)
- Suécia	Sueco(a)
- Suíça	Suíço(a)
- Panamá	Panamenho(a)
- Chile	Chileno(a)
- Porto Rico	Porto-riquenho(a)
- China	Chinês(a)

- **De onde você é?** - Where are you from?
  Eu sou do Brasil / dos Estados Unidos / da Alemanha / de Cuba.
  I'm from Brazil / from the USA / from Germany / from Cuba.

- **Quais países acima você conhece?** - Which countries above do you know? (=have you been to?)
  Eu conheço ... - I know... (=I've been to)

- **Quais países você gostaria de visitar/conhecer?** - Which countries would you like to visit?
  Eu gostaria de visitar/conhecer ... - I'd like to visit (=to go to)

- **O que você sabe sobre o Brasil?** - What do you know about Brazil?
  O Brasil é um país muito grande. É famoso pelo/a....
  A comida típica é a feijoada.
  O Cristo Redentor fica no Rio de Janeiro.

- **Qual comida brasileira você conhece?** - Which Brazilian food do you know?
  Pão de queijo.
- **Você gosta de comida apimentada?** - Do you like spicy food?

CONHECER - KNOW	**SABER** - KNOW
Eu conheço	Eu sei
Você / Ele / Ela conhece	Você / Ele / Ela sabe
Nós conhecemos	Nós sabemos
Vocês / Eles / Elas conhecem	Vocês / Eles / Elas sabem

Tudo bem? Vamos aprender Português!

Aluno(a): _____

UNIT 3 - UNIDADE 3   **Lesson 1 - Lição 1**

EXERCÍCIOS

1- Write down the nationalities:
   Escreva as nacionalidades de acordo com os países:

a- Austrália - _____
b- Inglaterra - _____
c- México - _____
d- Canadá - _____
e- Alemanha - _____
f- China - _____
g- França - _____
h- Japão - _____
i- Estados Unidos - _____
j- Índia - _____
k- Peru - _____
l- Espanha - _____
m- Colômbia - _____
n- Itália - _____

2- Use the correct definite articles:
   Complete com os artigos definidos (O, A, OS, AS):

a- _____ professores
b- _____ guarda-chuva
c- _____ lápis
d- _____ maçã
e- _____ sala de aula
f- _____ janela
g- _____ laranjas
h- _____ tênis
i- _____ bebês
j- _____ dia
k- _____ cor
l- _____ insetos
m- _____ mesa
n- _____ ovo
o- _____ TV
p- _____ uniforme
q- _____ mar
r- _____ braço
s- _____ cadeiras
t- _____ engenheiros
u- _____ problemas
v- _____ refeição

3- Read the information and complete:
Leia as informações e complete:

RCA PRODUÇÕES
Sobrenome: dos Santos
Nome: Lúcia Helena
Escritório: Londres
Profissão: secretária

RCA PRODUÇÕES
Sobrenome: Louback
Nome: Takashi
Escritório: Tóquio
Profissão: designer gráfico

Ela se chama_____
_____. Ela trabalha na
_____ em _____.
Ela é _____.

Ele se chama _____.
Ele é _____ na RCA
de _____.

RCA PRODUÇÕES
Sobrenome: Carvalho
Nome: Maria Clara
Escritório: Berlim
Profissão: contadora

Sobrenome:
Nome:
Cidade:
Profissão:

_____
_____
_____

Meu nome é _____.
Trabalho _____.
Sou _____.

4- Read the table info and answer:
Leia a tabela e responda:

NOME	CIDADE, PAÍS	PROFISSÃO
Sandra Smith	Chicago, Estados Unidos	Garçonete
Francesco Venturini	Roma, Itália	Empresário
Yuri Itowa e Yoko Lii	Tóquio, Japão	engenheiros

a. Onde o Francesco mora? _____
b. O que a Sandra faz? _____
c. O Yuri e a Yoko são dentistas? _____
d. Quem é empresário? _____
e. A Sandra é de que cidade?_____
f. O Yuri é japonês ou chinês?_____

UNIT 3 - UNIDADE 3   Lesson 2 - Lição 2

OPPOSITES - (OS) ANTÔNIMOS

tall	**alto(a)**	short	**baixo(a)**
big	**grande**	small	**pequeno(a)**
beautiful/pretty	**lindo(a) /bonito(a)**	ugly	**feio(a)**
expensive	**caro(a)**	cheap	**barato(a)**
fast	**rápido(a)**	slow	**devagar**
clean	**limpo(a)**	dirty	**sujo(a)**
happy	**feliz**	sad	**triste**
noisy	**barulhento(a)**	quiet	**silencioso(a)**
fat	**gordo(a)**	thin	**magro(a)**
old	**velho(a)**	new / young	**novo(a) / jovem**
poor	**pobre**	rich	**rico(a)**
long	**longo(a)**	short	**curto(a)**
married	**casado(a)**	single	**solteiro(a)**
strong	**forte**	weak	**fraco(a)**
near	**perto**	far	**longe**
cold	**frio(a)**	hot	**quente**
dangerous	**perigoso(a)**	safe	**seguro(a)**
dry	**seco(a)**	wet	**molhado(a)**
sweet	**doce**	salty	**salgado(a)**
sweet	**doce**	bitter	**amargo(a)**
sweet	**doce**	sour	**azedo(a)**
heavy	**pesado(a)**	light	**leve**
dark	**escuro(a)**	light	**claro(a)**
easy	**fácil**	difficult	**difícil**
inside	**dentro**	outside	**fora**

- Some adjectives to describe one's personality.
- Alguns adjetivos para descrever a personalidade de uma pessoa.

happy	**feliz**	quiet	**quieto/a, reservado/a**
sad	**triste**	tough	**difícil, forte**
kind	**gentil**	self-conscious, insecure	**inseguro/a**
friendly	**amigável, amigo/a**	bad-tempered, grumpy	**mal-humorado/a**
optimistic	**otimista**	cautious	**cauteloso/a**
pessimistic	**pessimista**	coward	**covarde**
nice	**legal, gente boa**	cruel	**cruel, malvado/a**
unfriendly	**antipático/a**	polite	**educado/a**
shy	**tímido/a**	impolite	**mal-educado/a**
outgoing	**extrovertido/a**	messy	**bagunceiro/a**
talkative	**falante**	funny	**engraçado/a**
sensitive	**sensível**	fun	**divertido/a**
fearful	**medroso/a**	rude	**grosso/a, grosseiro/a, rude**
conservative	**conservador/a**	honest	**honesto/a**
slow	**lento/a, devagar**	dishonest	**desonesto/a**
hard-headed	**cabeça-dura**	jealous	**ciumento/a**
stubborn	**teimoso/a**	selfish	**egoísta**
cheerful	**alegre/alto astral**	charming	**charmoso/a**
annoying, boring	**chato/a**	weird	**estranho/a, esquisito/a**
dumb	**burro/a**	faithful	**fiel**
intelligent	**inteligente**	unfaithful	**infiel, safado/a**
smart	**esperto/a**	dependable, trustworthy	**confiável**
wise	**sábio/a**	dependent	**dependente**
ambitious	**ambicioso/a**	clumsy	**desajeitado/a**
loving	**amável**	generous	**generoso/a**
careful	**cuidadoso/a**	naive	**ingênuo/a**
modest	**modesto/a**	crazy	**louco/a, maluco/a, doido/a**
proud	**orgulhoso/a**	lazy	**preguiçoso/a**
sensible	**sensato/a**	vindictive	**vingativo/a**
serious	**sério/a**	conceited, snob	**metido/a, esnobe**
hard-working	**trabalhador/a**	courageous	**corajoso/a**
easygoing	**calmo/a**	cry-baby, emotional	**chorão/chorona**
sweet	**doce**	skeptical	**desconfiado/a**
educated	**culto/a**	gossip	**fofoqueiro/a**
stingy	**pão-duro/a, mão-de-vaca**	liar	**mentiroso/a**

EXEMPLOS:

A Ana é alta, magra e morena. Tem cabelos castanhos e olhos verdes. É muito bonita e inteligente. É casada com o Marcos e tem duas filhas.
(Ana is tall, thin and brunette. She has brown hair and green eyes. She is very pretty and intelligent. She is married to Marcos and has two daughters.)

O José é baixo e gordo/gordinho. É falante e engraçado. Tem cabelos e olhos castanhos. É solteiro. Gosta muito de comer doces. Mora numa rua barulhenta e perigosa.
(José is short and fat/chubby. He is talkative and funny. He has brown hair and brown eyes. He is single. He likes to eat sweets very much. He lives in a noisy and dangerous street.)

Miami é uma cidade quente e linda. Os apartamentos em Miami Beach são muito caros.
(Miami is a hot and beautiful city. The apartments in Miami Beach are very expensive.)

Você prefere comida doce ou salgada?
(Do you prefer sweet or savory food?)

A Cristina não gosta de limão porque é muito azedo.
(Cristina doesn't like lemons because they are too sour.)

Hoje está muito frio em Chicago.
(It's very cold in Chicago today.)

EVERYDAY SENTENCES - FRASES USADAS NO DIA A DIA

I am hungry. - **Estou com fome.**

I am thirsty. - **Estou com sede.**

I am cold. - **Estou com frio.**

I am hot. - **Estou com calor.**

I am sleepy. - **Estou com sono.**

I am tired. - **Estou cansado(a)**.

I am in a hurry. - **Estou com pressa.**

I am married / single / engaged / divorced. **Eu sou casado(a)/ solteiro(a)/ noivo(a) / divorciado(a).**

How much is it, please? - **Quanto custa, por favor?**

Where's the restroom, please? - **Onde fica o banheiro, por favor?**

The check, please! - **A conta, por favor.**

I'd like a small coffee / latte / capuccino, please. **Eu gostaria de um cafezinho/de um café com leite/ de um cappuccino, por favor.**

It's too expensive! - **É/Está caro demais!**

It's very cheap. - **É/Está muito barato.**

Never mind! - **Esquece! / Deixa pra lá!**

Hush! - **Quieto(a)! / Fica quieto(a)!**

Hurry up! - **Anda logo!**

See you later! - **Até mais tarde! ou Te vejo mais tarde!**

See you tomorrow! - **Até amanhã**

See you next week! - **Até a semana que vem!**

I miss you! - **Estou com saudades (de você)!**

It's a beautiful day today! - **Está um dia lindo hoje!**

What a beautiful day! - **Que dia lindo!**

She's beautiful! - **Ela é linda!**

He's handsome! - **Ele é lindo!**

Let's go! - **Vamos!**

Let's go to the movies! - **Vamos ao cinema!**

Let's have lunch! - **Vamos almoçar!**

Lunch is ready! - **O almoço está pronto!**

Where's my car key? - **Cadê a chave do meu carro?** (**cadê** is a very informal way of asking "**onde está?**")

Tudo bem? Vamos aprender Português!

Aluno(a): _____

UNIT 3 - UNIDADE 3   Lesson 2 - Lição 2

TEXT - TEXTO:

READING - LEITURA:

O Sr. Marcos Oliveira é vendedor nas Casas Bahia, em Belo Horizonte. Ele trabalha 10 horas por dia e chega em casa muito cansado todos os dias. Nos fins de semana, ele gosta de sair com sua mulher para jantar e adora jogar futebol com os amigos no domingo de manhã. Ele tem 36 anos e é casado com Sabrina. A Sabrina tem 33 anos e é gerente de banco. Ela não trabalha nos fins de semana. Eles têm uma filha de 7 anos chamada Bruna.

- Answer the questions:
  Responda:

a- O Sr. Marcos é casado ou solteiro?
_____.

b- Onde ele trabalha?
_____.

c- E a mulher dele, o que faz?
_____.

d- Quantos anos ela tem?
_____.

e- O que ele gosta de fazer aos domingos?
_____.

f- Você gostaria de ser vendedor como o Marcos?
_____.

g- Quantas horas o Marcos trabalha por dia?
_____.

h- Quantos anos a filha deles tem?
_____.

EXERCÍCIOS

1- Write sentences using the words below:
   Faça frases usando as palavras abaixo:

- perto _____
- rico _____
- triste _____
- fraco _____
- jovem e solteiro _____

2- Describe your mother:
   Descreva a sua mãe:

_____
_____
_____
_____
_____

3- Write the sentences in the correct order:
   Coloque as palavras na ordem certa:

a- nome/da/Qual/é/o/sua/mãe? _____?
b- país/De/você/que/é? _____?
c- profissão/é/sua/Qual/a? _____?
d- por/Quantas/trabalha/dia/você/horas? _____?
e- tem/uma (um)/Você/namorada(o)? _____?

Now answer the questions above:
Agora responda as perguntas acima:

a- _____.
b- _____.
c- _____.
d- _____.
e- _____.

4- Complete the text with the correct words:
   Complete o texto com as palavras corretas:

| australiana - guitarrista - sociais - faculdade - nome - moro - mundo se chama - defensora pública - vários - 23 |

O meu _____ é Carina. Sou _____ e _____ em Sydney. Adoro as redes _____ (social media) e tenho _____ amigos espalhados (spread) pelo _____. Tenho _____ anos e estou terminando (finishing) a _____ de Direito (Law School). Quero ser _____ (defense attorney). O meu namorado _____ Jonas e é _____ em uma banda de rock.

5- Complete the sentences with the correct country name:
   Complete as frases com os nomes dos países:

a- A capital do _____ é Tóquio. A moeda (currency) usada é o iene (yen). Possui um padrão de vida alto (high life standard), com a maior duração de vida (life span) do mundo.

b- A capital da _____ é Paris. A língua oficial (official language) é o Francês e a moeda usada é o euro. Foi classificada como o melhor provedor (provider) de saúde pública (public health) do mundo pela Organização Mundial de Saúde (OMS). É o país mais visitado no mundo, recebendo 85 milhões de turistas estrangeiros (foreign tourists) por ano.

c- O _____ fica na América do Sul. A língua falada é o Português. É famoso pelo Carnaval e as belas praias. A caipirinha é a bebida típica do país.

d- O _____ fica na América do Norte. A capital é Ottawa. As duas línguas oficiais são o inglês e o francês. As três maiores cidades são Toronto, Montreal e Vancouver.

6- Fill in the blanks with the correct form of TO BE:
Complete com a forma correta dos verbos SER ou ESTAR:

a- O Ronaldo _____ na praia com a família. Hoje _____ um dia lindo de verão.
b- Ele _____ especialista em informática. (IT)
c- A Ana _____ muito feliz hoje porque passou no teste de Matemática.
d- Ela _____ minha irmã.
e- A Sylvia _____ protestante. Eu e a Andréa _____ católicas.
f- O Daniel _____ do Rio de Janeiro, mas _____ morando em São Paulo agora.
g- Cadê o Mário?
Ele _____ com os amigos no bar.
h- Ele _____ com fome porque já _____ 1h da tarde.
i- Carlos, esse livro não _____ meu! _____ seu?
j- O Sr. Augusto _____ o meu chefe.
k- Você _____ republicano ou democrata?
l- Hoje _____ dia 05. Tenho que pagar minha conta de telefone. (phone bill)
m- As duas irmãs _____ advogadas. Os pais delas _____ médicos.
n- Todos nós _____ católicos na minha família.
o- _____ primavera! As flores _____ lindas!

7- Use the correct definite articles:
Complete com os artigos definidos (O,A,OS,AS):

a- _____ necessidade
b- _____ Canadá
c- _____ japonesas
d- _____ cinema
e- _____ explosões
f- _____ sistema
g- _____ cristais
h- _____ clima
i- _____ planetas
j- _____ condições
k- _____ explicação
l- _____ anéis
m- _____ sofá
n- _____ mãos

8- Guessing the words. What's missing in the picture?
   Adivinhando as palavras. O que está faltando na figura?

1- cadeira	11- porta	21- nuvem
2- relógio	12- livro	22- fichário
3- carteira	13- régua	23- mapa
4- mesa	14- folha de papel	24- caderno
5- janela	15- caneta	25- parede
6- tesoura	16- lápis	26- lixo
7- quadro-negro	17- aluno/a	27- lixeira
8- computador	18- árvore	28- professor/a
9- teclado	19- alto-falante	29- mochila
10- globo	20- cartaz	30- borracha

UNIT 3 - UNIDADE 3   Lesson 3 - Lição 3

FAMILY MEMBERS - (OS) MEMBROS DA FAMÍLIA

father	**pai**	mother	**mãe**
son	**filho**	daughter	**filha**
brother	**irmão**	sister	**irmã**
uncle	**tio**	aunt	**tia**
cousin	**primo**	cousin	**prima**
nephew	**sobrinho**	niece	**sobrinha**
grandfather	**avô**	grandmother	**avó**
great-grandfather	**bisavô**	great-grandmother	**bisavó**
grandson	**neto**	granddaughter	**neta**
godfather	**padrinho**	godmother	**madrinha**
godson	**afilhado**	goddaughter	**afilhada**
stepfather	**padrasto**	stepmother	**madrasta**
stepson	**enteado**	stepdaughter	**enteada**
father-in-law	**sogro**	mother-in-law	**sogra**
brother-in-law	**cunhado**	sister-in-law	**cunhada**
son-in-law	**genro**	daughter-in-law	**nora**

parents - **pais**
children - **filhos (*crianças)**
relatives - **parentes**
grandparents - **avós**
grandchildren - **netos**
siblings - **irmãos**

to get along well - **se dar bem**
- Eu **me dou bem** com o meu padrasto. - I get along well with my stepfather.

to be dead - **estar morto**
to die - **morrer**
to pass away - **falecer**

- **O meu avô já morreu.**
- **O meu avô é falecido.**

from my mother's side - **por parte de mãe, materno/a**
from my father's side - **por parte de pai, paterno/a**

to see (somebody) often - **ver com frequência**
- **Eu não vejo os meus parentes com frequência.**

Let's practice! - Vamos praticar!

A FAMÍLIA

a- O pai do meu pai é meu _____.
b- A mãe da minha mãe é minha _____.
c- A irmã da minha mãe é minha _____.
d- A filha da minha tia é minha _____.
e- O novo marido da minha mãe é meu _____.
f- O filho da minha irmã é meu _____.
g- O irmão do meu marido é meu _____.
h- A mãe do meu marido é minha _____.
i- Os filhos dos meus filhos são meus _____.
j- O marido da minha filha é meu _____.
k- A esposa do meu filho é minha _____.

Tudo bem? Vamos aprender Português!

Aluno(a): _____

UNIT 3 - UNIDADE 3   **Lesson 3 - Lição 3**

TEXT - TEXTO:

Eu e a minha família

Muito prazer! O meu nome é Camila Soares e sou brasileira. Moro em Miami Beach, nos Estados Unidos, mas toda a minha família mora no Brasil. Sou divorciada e tenho um filho do meu primeiro casamento. O nome dele é Pedro. Ele tem 22 anos. Ele é alto e moreno, como o pai. Tenho também duas irmãs; uma mais velha e uma mais nova. A mais velha se chama Beatriz e a mais nova se chama Mariana. A minha mãe se chama Helena e é viúva. O meu pai, Paulo, faleceu em 2006.
A minha irmã Mariana tem duas filhas; Alice e Laura. A Alice tem 17 anos e a Laura tem 12 anos. A Beatriz tem um filho de 20 anos chamado Mateus. Sinto muita falta de todos eles.
A minha família é grande. Quase todos os meus familiares moram em Petrópolis, RJ.
Sempre que posso, vou ao Brasil visitar a minha família.

Compreensão de texto

Answer the questions:
Responda:

a- De onde a Camila é?
_____

b- Onde ela mora atualmente (currently)?
_____

c- A Camila é solteira?
_____

d- Como se chama a irmã mais velha dela?
_____

e- Qual é o nome das sobrinhas dela?
_____

f- A família dela é grande ou pequena?
_____

g- A mãe de Camila é casada?
_____

REVIEW - EXERCÍCIOS DE REVISÃO

1- Complete the dialogue:
   Complete o diálogo:

   A: Oi! Qual é o seu nome?
   B: O meu nome _____.
   A: Prazer! O meu nome é Luís. Tudo bem com você?
   B: _____, obrigado(a).
   A: De onde _____?

B: Sou _____. E vc?
A: _____ do Rio de Janeiro, Brasil.
B: O que você faz?
A: Sou jornalista, e você?
B: _____.
A: Qual é o seu telefone?
B: _____.
A: O que você gosta de fazer nos fins de semana?
B: _____.
A: Eu e os meus amigos vamos a um show de rock no sábado. Você quer ir com a gente?
B: _____. (afirmativa)
A: Ótimo! Te ligo na sexta para combinarmos.
B: Obrigado(a) pelo convite. Até sexta!
A: De nada! O show vai ser ótimo! Até sexta!

2- Complete using the correct definite article:
Complete com O,A,OS,AS:

a- _____ elevador
b- _____ vendedores
c- _____ cidades
d- _____ atriz
e- _____ luzes da cidade
f- _____ professor
g- _____ dentista
h- _____ ruas
i- _____ gerente
j- _____ praia
k- _____ abajur
l- _____ sol
m- _____ lua
n- _____ estações do ano

3- Connect the sentences:
Ligue as frases:

a- Quem é ele?   _____ Não, não gosto.
b- Quantos anos ela tem?   _____ 07 de setembro.
c- Como vai você?   _____ Sim, são.
d- Quando é o Dia da Independência
 no Brasil?   _____ Ele é o meu pai.
e- Eles são franceses?   _____ 5 anos.
f- Onde está o Senhor Antônio agora?   _____ 35.
g- Quantas crianças tem na festa?   _____ Sou secretária.
h- O que você faz?   _____ Bem, obrigado(a).
i- Você gosta de cozinhar?   _____ No trabalho.

CROSSWORDS - PALAVRAS CRUZADAS

- Find the nationalities according to the countries.
  Encontre as nacionalidades de acordo com os países:

Brasil Inglaterra Estados Unidos Japão Alemanha Austrália Canadá
Espanha China Portugal México Itália França Grécia Chile Peru
Rússia Venezuela Iraque Irlanda Suíça

I	R	L	A	N	D	Ê	S	J	A	P	O	N	Ê	S
I	R	A	Q	U	I	A	N	O	T	R	A	N	F	U
F	R	A	N	C	Ê	S	L	M	U	R	H	D	S	I
T	Y	H	L	O	R	I	T	A	L	I	A	N	O	Ç
B	R	A	S	I	L	E	I	R	O	U	I	O	P	O
V	E	N	E	Z	U	E	L	A	N	O	L	E	S	H
D	C	E	B	R	M	A	M	E	R	I	C	A	N	O
A	L	E	M	Ã	O	A	N	C	H	I	L	E	N	O
P	Q	A	V	C	A	N	A	D	E	N	S	E	E	H
E	T	R	G	A	U	S	T	R	A	L	I	A	N	O
R	U	S	S	O	R	K	F	C	H	I	N	Ê	S	E
U	E	S	P	A	N	H	O	L	U	E	G	M	A	N
A	G	R	E	G	O	V	Y	E	T	B	L	N	C	A
N	P	O	R	T	U	G	U	Ê	S	X	Ê	A	C	X
O	M	E	X	I	C	A	N	O	X	I	S	B	N	O

4- Write about your family.
   Escreva sobre a sua família:

_____
_____
_____
_____
_____
_____

5- Use the correct profession in the sentences below:
   Relacione as frases com as profissões abaixo:

garçom - eletricista - médico - advogado - mecânico - dentista - professor

a- Vou me divorciar; preciso de um _____.
b- Estou com dor de dente; preciso de um _____.
c- Quero aprender português; preciso de um _____.
d- O carro quebrou; preciso de um _____.
e- Por favor, _____, traga a conta.
f- O sistema elétrico não funciona; preciso de um _____.
g- Não me sinto bem; preciso de um _____.

6- Link the interrogative pronouns to the right sentence:
   Ligue os pronomes interrogativos às frases correspondentes:

a- O que	é o seu aniversário?	Matheus
b- Quantos	se chama o seu filho?	Feijoada
c- Quando	você é?	Do Rio de Janeiro
d- Como	você faz?	Sou advogado
e- Qual	você trabalha?	15 de dezembro
f- Onde	é o seu prato preferido?	36
g- De onde	anos você tem?	Na Mercedes Benz, em Juiz de Fora, MG.

- Now answer the questions above using your information:
  Agora responda as perguntas acima usando as suas informações:

a- _____
b- _____
c- _____
d- _____
e- _____
f- _____
g- _____

UNIT 3 - UNIDADE 3   Lesson 3 - Lição 3

REVIEW - REVISÃO

1- Translate the sentences to Portuguese:
   Traduza as frases para o português:

a- Are you a jealous person?
_____

b- What's his stepfather's name?
_____

c- My mother-in-law doesn't live here.
_____

d- He is thin, tall and has blue eyes. He is charming and rich but selfish, unfaithful, conceited and stingy.
_____
_____

e- My aunt's birthday is in December.
_____

f- He is a nice guy but he is very lazy and clumsy.
_____

g- Our parents are on vacation in the Bahamas. The kids are at home with grandma.
_____

h- I am so hungry! Is lunch ready?
_____

i- Their son-in-law is Puerto Rican. He is the general manager of the company. He is 33 and has a Chilean wife called Isis.
_____
_____

j- What a beautiful car! / What a beautiful place/city!
_____

k- Where's the restroom, please?
_____

l- Let's have lunch!
_____

m- Where's my iPad?
_____

n- My grandfather is in heaven. My grandfather is dead.
_____

o- Be calm!
_____

p- Be quiet! (Hush!)
_____

2- Answer the questions:
   Responda:

a- Qual é a sua profissão? / Você trabalha com o quê?
_____

b- Qual profissão você acha interessante?
_____

c- Que país você adoraria conhecer?
_____

d- Quais são as línguas faladas no Canadá?
_____

e- Qual é o lugar mais lindo que você já visitou?
_____

f- Você gosta da comida japonesa? O que você prefere: sushi ou sashimi?
_____

g- Você mora numa rua barulhenta?
_____

h- Você gosta de café forte?
_____

i- Escreva cinco adjetivos relacionados à sua personalidade.
   Eu sou _____

j- Qual é o nome do seu avô paterno?
_____

k- Você se dá bem com o seu pai?
_____

l- Você tem sobrinhos?
_____

3- What's the opposite of…?
   Qual é o antônimo de…?

a- feliz _____
b- doce _____
c- limpo _____
d- caro _____
e- otimista _____
f- perto _____
g- pobre _____
h- gordo _____
i- tímido _____
j- quieto _____
k- honesto _____
l- educado _____
m- fiel _____
n- inteligente _____

UNIT 3 - UNIDADE 3   Lesson 4 - Lição 4

PRESENT PROGRESSIVE TENSE - PRESENTE CONTÍNUO

- The action is happening now. In Portuguese, replace the final **r** of the verb with **-ndo**.
- A ação está acontecendo agora. Em português, substitui-se o 'r' do verbo pelo **-ndo.**

Exemplos:

andar (to walk) - **andando**
comer (to eat) - **comendo**
ir (to go) - **indo**

* now - **agora**
* at the moment - **no momento**

VERB TO BE + VERB + ING
VERBO ESTAR + VERBO (infinitivo) sem o R + NDO

Exemplos:

- It's raining today. - **Está chovendo** hoje. (chover)

- Why are you crying? - **Por que você está chorando?** (chorar)
  I'm crying because I got hurt. - **Estou chorando** porque me machuquei.

- Mary is looking for a job at the moment. - **A Maria está procurando um emprego no momento.** (procurar)

- They are having lunch now. - **Eles estão almoçando** agora. (almoçar)

- What are you doing now? - **O que você está fazendo** agora? (fazer)
  I am studying Portuguese now. - **(Eu) estou estudando** português agora. (estudar)
  I am working now. - **Estou trabalhando** agora. (trabalhar)

CLOTHING - VESTUÁRIO (Clothes and accessories - roupas e acessórios)

pants	calça	shorts	short
jeans	calça jeans	swim trunks / speedo	short de praia / sunga
jacket	jaqueta	vest	colete
leather jacket	jaqueta de couro	overalls, jumpsuit	macacão
coat	casaco	suit	terno
sweater	suéter	tie, bow tie	gravata, gravata borboleta
cardigan	cardigan	tuxedo	smoking
raincoat	casaco de chuva	fur coat	casaco de pele
poncho	capa de chuva	overcoat	sobretudo
blazer	blazer	scarf	cachecol
sweatshirt	blusa de moletom	gloves	luvas
sweatpants	calça de moletom	sandals	sandália
sweat suit	conjunto de moletom	flip flops	chinelo de dedo
blouse	blusa	shoes	sapatos
uniform	uniforme	flats	sapatilhas, sandália rasteira
shirt	camisa	sneakers, tennis shoes	tênis
polo shirt	camisa polo	high heels	sapato (de salto) alto
t-shirt	camisa de malha	boots	botas
tank top	camiseta	slippers	pantufa
sports bra	top de ginástica	cap	boné
underwear	roupa íntima	hat	chapéu
panties	calcinha	belt	cinto
briefs / boxer	cueca	glasses	óculos
bra	sutiã	sunglasses	óculos de sol
nightgown	camisola	earrings	brinco
pajamas	pijama	bracelet	pulseira
socks	meias	necklace	colar, cordão
leggings	legging	ring	anel
dress	vestido	purse, bag	bolsa
skirt	saia	backpack	mochila
mini skirt	mini-saia	jewelry	jóias, bijuterias
bathing suit	roupa de banho	watch	relógio
bikini	biquini	umbrella	guarda-chuva, sombrinha
swimsuit	maiô	wallet	carteira
cover-up	saída de praia	key-ring	chaveiro

to put on (clothes) - **colocar (a roupa), vestir-se**
to take off - **tirar**
to tie (the shoes) - **amarrar (os sapatos)**

to try on - **experimentar**
in fashion, in style - **na moda**
on sale - **na promoção**

Exemplos:

VESTIR, USAR = TO DRESS, TO WEAR

- **O que você está usando?** (What are you wearing?)
  Estou usando calça, camisa social, meias e tênis.
  (I'm wearing pants, a dress shirt, socks and sneakers.)
- **Quais são os seus acessórios favoritos?** (What are your favorite accessories?)
  Adoro usar brincos de argola, anéis e pulseiras diferentes. Também tenho vários óculos de sol.
  (I love wearing hoops, rings and different bracelets. I also have many sunglasses.)

Sizes - Tamanhos
extra small - **extra pequeno ou PP**
small - **pequeno ou P**
medium - **médio ou M**
large - **grande ou G**
extra large - **extra grande ou GG**
one size fits all - **tamanho único**

solid - **liso**
striped - **listrado**
plaid - **xadrez**
print - **estampado**
polka dots - **de bolinhas**
checked - **quadriculado**
floral - **florido**

Styles - Estilos
crewneck - **gola redonda**
V-neck - **gola V**
turtleneck - **gola rolê**
sleeveless - **sem manga**
short sleeve - **manga curta**

long sleeve - **manga comprida**
mini-skirt - **mini saia**
short skirt - **saia curta**
long skirt - **saia comprida**
Patterns - **estampas**

Types of material (fabric) - Tipos de material (tecido)
cotton - **algodão**
linen - **linho**
denim - **brim (jeans)**
suede - **camurça**
lace - **renda**
velvet - **veludo**

nylon - **náilon**
wool - **lã**
cashmere - **cashmere**
silk - **seda**
leather - **couro**

Clothing problems - Problemas com as roupas

- It's tight. - **Está apertada.**
- It's loose - **Está folgada. / Está larga.**
- It's too big. - **Está grande demais. / Está muito grande.**
- It's torn / ripped. - **Está rasgada.**
- It's stained. - **Está manchada**.
- It's wrinkled. - **Está amassada.**
- It's dirty. - **Está suja.**

- What size do you wear - **Que tamanho você veste/usa?**
- What's your size? - **Qual é o seu tamanho?**

- Describe what you are wearing now in details:
- Descreva o que você está usando agora em detalhes:

_____
_____
_____
_____

At the clothing store

buyer - **comprador**
client - **cliente**
seller/ salesperson - **vendedor/a, atendente**
to assist - **atender**
cashier - **caixa**
Let me check - **Deixa eu ver**
in stock - **no estoque**
It's out of stock - **Acabou!**
fitting room - **cabine, provador**
in installments - **parcelado, à prestação**
cash - **à vista**
sizes (XS, S, M, L, XL) - **tamanhos (PP, P, M, G, GG)**
to gift wrap - **embrulhar pra presente**

to go shopping - **fazer compras**
mall - **shopping**
brand new - **novinho (em folha)**
flea market - **feira**
thrift shop - **brechó**
used, second hand goods - **produtos usados**
to try on - **experimentar**
to exchange - **trocar (troca)**
to return - **devolver (devolução)**
on sale - **na promoção**
clearance - **liquidação, ponta de estoque**
30% off - **30% de desconto**

A: Oi! Boa tarde!
B: Pois não! Posso ajudá-lo?
A: Sim, gostaria de ver as camisas sociais, por favor.
B: Qual tamanho?
A: G
B: Tem preferência de cor ou modelo?
A: Nada estampado, por favor. Prefiro as lisas, mais básicas. Azul, cinza ou branca. Gosto dessa aqui.
B: Sim, senhor. Só um momento. Deixa eu ver o que temos no estoque.
   Temos esses modelos. Gostaria de experimentar?
A: Sim. Onde fica a cabine?
B: No final da loja, à direita.
A: Obrigado.
B: Gostou de alguma?
A: Sim. O que acha dessa? Ficou boa?
B: Ficou ótima! E a cinza, não gostou?
A: Não caiu bem.
B: Vai ficar com a branca então?
A: Sim, vou levar essa aqui. Qual o preço?
B: R$249,90. Mais alguma coisa?
A: Não, obrigado.
B: O senhor pode se dirigir ao caixa, por favor. Quer que embrulhe pra presente?
A: Não precisa. Obrigado.

No caixa:
C: O senhor vai pagar no cartão, à vista ou à prestação (parcelado)?
A: No cartão, por favor.
C: Quer parcelar?
A: Sim.
C: Em quantas vezes?
A: Duas.
C: Ok.
   Tudo certo. Obrigada pela preferência. Boa tarde e volte sempre!
A: Obrigado. Boa tarde!

Tudo bem? Vamos aprender Português!
Aluno(a): _____

UNIT 3 - UNIDADE 3   Lesson 4 - Lição 4

EXERCÍCIOS

- Write the correct names of the pictures below:
- Escreva o nome correto nas figuras abaixo:

1- Fill in the blanks with the correct form of the Present Continuous Tense:
   Complete as frases com a forma correta do Presente Contínuo: VERBO ESTAR + VERBO PRINCIPAL **SEM O R + -NDO**

a- O que ela _____ ? (**fazer**) = (to do)
   Ela _____ banho. (**tomar**)
   (**tomar banho**) = (to take a shower)
b- O Pedro _____ Geografia (**estudar**) = (to study) e a Clara _____ a louça. (**lavar**) = (to wash)
   (**lavar a louça**) = (to wash the dishes)
c- Os meninos _____ futebol (**jogar**) = (to play) no clube
   e as meninas _____ de patins. (**andar**)
   (**jogar futebol**) = (play soccer)
   (**andar de patins, patinar**) = (to rollerblade)
d- Eu _____ te _____ há mais de meia hora.
   (**esperar**) = (to wait)
e- A Dona Ivete _____ (**fazer**) faxina na casa hoje. Ela _____ (**trabalhar**) = (to work) muito, desde cedo. Sua filha, Inês, _____ (**ajudar**) = (to help) a Dona Ivete também. Ela _____ (**passar**) as roupas e _____
   (**preparar**) = (to prepare) o almoço.
   (**fazer faxina na casa**) = (to houseclean)
   (**passar roupas**) = (to iron)
f- Como está o tempo hoje? _____ muito. (**chover**) = (to rain)
g- O Jorge _____ (**fazer**) um curso especializado de Administração de Empresas.
   (**fazer um curso**) = (to take a course)

2- Write the verbs in their gerund form: (ING)
   Coloque os verbos no gerúndio:

- What are you doing now? I am ….
  O que você está fazendo agora?
  Eu estou…. (+ verbo sem o R + NDO)

almoçar - _____
(I am having lunch.)
conversar com a minha mãe - _____
(I am talking to my mother.)
assistir TV - _____
(I am watching TV.)
trabalhar - _____
(I am working.)
cozinhar - _____
(I am cooking.)
caminhar na praia - _____
(I am walking on the beach.)

correr no calçadão da praia - _____
(I am running on the beach boardwalk.)
fazer compras - _____
(I am shopping.)
ir ao mercado - _____
(I am going to the market).

3- Translate the sentences:
   Traduza as frases:

a- Why are you crying? _____?
   I'm crying because I'm sad. _____.
b- Why are you smiling? _____?
   I'm smiling because I'm happy. _____.
c- Why are you eating now? _____?
   I'm eating now because I'm hungry. _____.
d- Why are you drinking water? _____?
   I'm drinking water because I'm thirsty. _____.
e- Why are you running? _____?
   I'm running because I'm in a hurry. _____.
f- Why are you studying Portuguese? _____?
   I'm studying Portuguese because I want to go to Brazil. _____.
g- Why are you working out 5 times a week? _____?
   I'm working out a lot because I'm fat. _____.
h- Why are you going to bed early? _____?
   I'm going to bed early because I'm tired. _____.

What are you…? - **O que você está…?**
watching on TV? _____?
I'm watching a movie. _____.

cooking? _____?
I'm cooking mac and cheese. _____.

drinking? _____?
I'm drinking a very cold beer _____.

doing? _____?
I'm studying Portuguese. _____.
I'm playing soccer. _____.
I'm resting. _____.
I'm talking to my friend. _____.
I'm writing an email. _____.

4- Ask questions using the correct interrogative pronoun:
   Faça perguntas usando o pronome interrogativo correto:

- **ONDE** está a Mariana? Ela está <u>em casa</u>.

a- _____? Eles são <u>médicos</u>.
b- _____? Eles estão <u>no clube</u>.
c- _____? Eu sempre estou em casa <u>à noite</u>.
d- _____? <u>Porque</u> estamos com fome.
e- _____? Ela é a minha secretária.
f- _____? Ele está no cinema <u>com as amigas</u>.
g- _____? Porque estou com pressa.
h- _____? 03 de setembro.

5- Answer the questions:
   Responda:

a- O que você está usando agora? (What are you wearing now?)
_____

b- O que você usa quando vai à academia? (What do you wear when you go to the gym?)
_____

c- Você gosta de 'roupa <u>de marca cara</u>' ou não liga pra isso? (Do you like designer luxury brands or you don't care about it?)
_____

d- Que tipo de roupa você mais gosta de usar? (What kind of clothes do you like to wear the most?)
_____

e- O seu trabalho requer o uso de roupa social? (Does your job require dress-up clothes?)
_____

f- Qual é a vantagem de usar uniforme? (What's the advantage of wearing a uniform?)
_____

g- Você gosta de ir à loja experimentar e comprar suas roupas ou prefere comprar on-line (pela internet)? (Do you like to go to the store to try on and buy your clothes there or do you prefer to buy them online?)
_____

h- Você é consumista? (Are you a big consumer?)
_____

i- Você já comprou em brechós? (Have you ever bought things at a thrift store?)
_____

j- Existe 'yard sale' no seu país? (Is there 'yard sale' in your country?)
_____

Tudo bem? Vamos aprender Português!

Aluno(a): _____

UNITS 1, 2 and 3 - UNIDADES 1, 2 e 3

<u>REVIEW - REVISÃO</u>

1- Answer the questions:
   Responda:

1- Como você se chama?
   Eu me chamo _____

   2- Como se chama o seu irmão/ a sua irmã?
   Ele/Ela se chama _____

3- Que horas são agora?
   _____

4- O que você está fazendo agora?
   _____

5- Onde fica a cidade de Los Angeles?
   _____

6- Qual é a profissão do seu pai?
   _____

7- Onde moram os seus pais?
   _____

8- Você se dá bem com os seus primos?
   _____

9- Quantos anos tem a sua avó materna?
   _____

10- Qual é a população do seu país?
    _____

11- Os seus parentes moram perto de você?
    _____

12- Você trabalha numa área barulhenta?
    _____

13- A que horas você vai dormir?
    _____

14- O que você gosta de comer à tarde?
    _____

15- Você prefere refrigerante ou suco? Qual?
    _____

16- O que você gosta de assistir na TV à noite?
    _____

17- Me diz uma coisa que você adora fazer.
    _____

18- A que horas você acorda nos fins de semana?
    _____

19- Há quantos anos você mora nessa cidade?
_____

20- Você é americano? De que estado você é?
_____

21- Onde o seu melhor amigo mora?
_____

22- Você é cabeça-dura?
_____

23- Você gosta de cidades antigas?
_____

24- Qual é o nome da sua avó por parte de pai?
_____

25- Que país você gostaria de conhecer?
_____

26- Você puxou o seu pai ou a sua mãe?
_____

27- O que você está usando agora?
_____

28- Você gosta de comida mexicana? Qual é a sua comida favorita?
_____

29- Você prefere chocolate ao leite ou meio amargo?
_____

30- A sua professora é chata?
_____

31- Você prefere vinho, cerveja ou vodka?
_____

32- Qual é o seu email?
_____

E-MAILS
@ = arroba
.com = ponto com
.br = ponto br (bê, éhi)

2- What time is it?
   Que horas são?

a- 13:45 _____
b- 8:30 _____
c- 12:00 _____
d- 17:40 _____
e- 23:55 _____
f- 3:15 _____
g- 10:27 _____

3- Write down the opposites:
   Escreva os antônimos:

a- alto # _____
b- frio # _____
c- escuro # _____
d- velho # _____
e- pobre # _____
f- gordo # _____
g- doce # _____
h- bonito # _____
i- limpo # _____

4- Use the correct preposition:
   Use a preposição correta:

a- Gosto de tomar suco de laranja _____ café da manhã.
b- Eu acordo _____ 7h todos os dias.
c- Eu estudo Português _____ 3h _____ 5h.
d- A Carla mora _____ Brasil e o Fernando mora _____ Estados Unidos.
e- Ele sempre viaja para a praia _____ verão.
f- Você gosta de fazer compras _____ shopping center _____ Dezembro?
g- A bola está _____ da mesa. (under)
h- Eu moro _____ do clube. (near)
i- A jaqueta está _____ do armário. (inside)
j- O gato está _____ do sofá. (on)

5- Translate the sentences to Portuguese:
   Traduza as frases para o Português:

a- How old is your brother? _____
b- Bruna is tall, brunette and very pretty. _____
c- My country is big and beautiful. _____
d- Today is June 21st, 2018. _____
e- What time is it? _____
f- I am at work. Júlia is at home. _____
g- She is wearing a mini skirt and high heels. _____
h- It's raining a lot here today! _____
i- His T-shirt is wrinkled. _____
j- How's the weather today? It's muggy. _____
k- Are your parents Spanish? _____
l- Clara is blonde and has blue eyes. _____
m- Have a nice weekend. See you Monday! _____
n- She lives on the 12th floor. _____
o- Never mind! _____
p- I don't care about donuts. _____

q- The men are in the club and the women are on the beach.
_____
r- The animals are inside the truck. _____
s- My friend Carlos is Puerto Rican. _____
t- I'd like a beer, please! _____
u- What's his last name? _____
v- Why are you crying? _____
w- He is thirsty. _____

6- Fill in the blanks with the correct form of TO BE:
   Complete as frases com a forma correta dos verbo SER ou ESTAR:

a- Hoje _____ bem quente no Rio de Janeiro. 38 graus!
b- Ela _____ muito inteligente. Ela fala quatro línguas fluentemente.
c- Ele _____ americano; de Boston.
d- Nós _____ contentes agora. Nosso time venceu!
e- Os nossos amigos _____ na sala conversando.
f- Nós _____ brasileiros. E vocês, de onde _____?
g- A Suíça _____ um país muito bonito.
h- Eu _____ em casa agora. O meu marido _____ no trabalho.
i- Os copos _____ na mesa e _____ de cristal.
j- Onde _____ o seu carro? Na garagem.
k- O Brasil _____ um país muito grande.
l- Ele _____ médico e _____ no hospital agora.
m- O Alasca _____ frio. A Sibéria também _____ fria.
n- Ele _____ cozinheiro e _____ no restaurante agora.
o- Eles _____ estrangeiros. Eles _____ no Brasil para trabalhar.
p- Você _____ professor? Não, eu _____ aluno.
q- Ele _____ garçom? Não, ele _____ cozinheiro.
r- Elas _____ com fome?
s- Os copos _____ na mesa?
t- Denise, você _____ com sono?
u- Vocês _____ brasileiros? Não, nós _____ portugueses.
v- O carro _____ na garagem? Não, _____ na rua.

7- Write down the numbers:
   Escreva os números:

a- 1,782 _____
b- 1946 _____
c- 741 _____
d- 253 _____
e- 133 _____
f- 483,000 _____

8- What's the plural of ...?
   Qual é o plural de ...?

a- boneca _____
b- avião _____
c- pastel _____
d- colher _____
e- lobisomem _____
f- televisão _____
g- luz _____
h- situação _____
i- queijo _____
j- feijão _____

k- bagagem _____
l- aluguel _____
m- feliz _____
n- difícil _____
o- fiel _____
p- bombom _____
q- garagem _____
r- nuvem _____
s- fogão _____
t- informação _____

9- What color is/are?
   De que cor é / são:

a- a gema do ovo / the egg yolk _____
b- as estrelas / the stars _____
c- os seus cabelos / your hair _____
d- os seus olhos / your eyes _____
e- as paredes da sua casa / the walls of your house _____
f- o mar / the sea _____
g- as uvas / the grapes _____
h- a framboesa / the raspberry _____
i- o kiwi / the kiwi _____
j- as plantas / the plants _____
k- o seu carro / your car _____
l- a sua blusa / your shirt _____
m- a sua geladeira / your refrigerator _____
n- o seu livro de português / your Portuguese book _____

10- Write down the names of the food:
    Escreva os nomes das comidas:

11- Translate the verbs:
   Traduza os verbos:

taking a shower	
running	
dancing ballet	
eating ice cream	
cooking	
flying	
reading a book	
shopping	
riding the horse	
riding the bike	
skateboarding	
rollerblading	
hugging	
kissing	
playing the guitar	
playing soccer	
playing with dolls	
making popcorn	
walking	
swimming	
skiing	
drinking water	
diving	
playing golf	

"Out of sight, out of mind." / "O que os olhos não veem, o coração não sente."

UNIT 4 - UNIDADE 4

SIMPLE PRESENT TENSE
Presente do Indicativo

ADVERBS OF FREQUENCY
Advérbios de frequência

THERE IS / THERE ARE
Verbo haver, ter, existir

FOODS AND BEVERAGES
Comidas e bebidas

FRUITS AND VEGETABLES
Frutas, legumes e verduras

UNIT 4 - UNIDADE 4 Lesson 1 - Lição 1

SIMPLE PRESENT TENSE - PRESENTE DO INDICATIVO

Verbos regulares terminados em **-ar, -er, -ir**:

PRONOME PESSOAL	VERBO **-AR**	VERBO **-ER**	VERBO **-IR**
	FALAR - SPEAK	COMER - EAT	ASSISTIR - WATCH
EU	fal**o**	com**o**	assist**o**
VOCÊ	fal**a**	com**e**	assist**e**
ELE/ELA	fal**a**	com**e**	assist**e**
NÓS	fal**amos**	com**emos**	assist**imos**
VOCÊS	fal**am**	com**em**	assist**em**
ELES/ELAS	fal**am**	com**em**	assist**em**

Afirmativa:

- Eu <u>**falo**</u> Português fluentemente. (I speak Portuguese fluently.)
- Ele <u>**come**</u> carne duas vezes por semana. (He eats red meat twice a week.)
- Elas <u>**assistem**</u> a novela toda noite. (They watch the soap opera every night.)

Negativa:

- Eu <u>**não falo**</u> Português fluentemente.
- Ele <u>**não come**</u> carne duas vezes por semana.
- Elas <u>**não assistem**</u> a novela toda noite.

Interrogativa:

- <u>**Você fala**</u> Português fluentemente<u>?</u>
  Sim, eu falo. / Não, eu não falo.

- <u>**Ele come**</u> carne duas vezes por semana<u>?</u>
  Sim, ele come. / Não, ele não come.

- <u>**Elas assistem**</u> a novela toda noite<u>?</u>
  Sim, elas assistem. / Não, elas não assistem.

Exemplos:

a- Quantas línguas você **fala**? (How many languages do you speak?)
   Eu **falo** três línguas. (I speak three languages)
b- Eles **comem** fora todo domingo. (They eat out every Sunday.)
c- Ela **assiste** novelas o tempo todo.(She watches soap operas all the time)
d- Ela **fala** "pelos cotovelos"! (She talks nonstop!)
e- Eu **assisto** o telejornal antes de ir para o trabalho. (I watch the news before going to work.)

Mais exemplos de verbos:
(Verbs marked (*) have a different conjugation)

-AR	-ER	-IR
amar, adorar - love	**beber** - drink	**cumprir** - fulfill
andar - walk	**escolher** - choose	**decidir** - decide
comprar - buy	**entender** - understand	**desistir** - give up
cozinhar - cook	**correr** - run	**distribuir** - distribute
***dar** - give	**defender** - defend	**imprimir** - print
descansar - rest	**escrever** - write	**insistir** - insist
trabalhar - work	**resolver** - solve, resolve	**resistir** - resist
estudar - study	**responder** - answer	***sair** - go out/leave
acordar - wake up	***fazer** - make/do	**proibir** - prohibit
jogar, tocar, brincar - play	***ler** - read	**discutir** - discuss/argue
fechar - close	**viver** - live	**omitir** - omit
jantar - have dinner	**atender** - answer/assist	**abrir** - open
limpar - clean	***estabelecer** - establish	**partir** - leave
preparar - prepare	**depender** - depend	**rir** - laugh
viajar - travel	**desenvolver** - develop	***cair** - fall
praticar - practice	**devolver** - give back/return	***vestir-se** - get dressed
treinar - train	**ofender** - offend	***dirigir** - drive
dançar - dance	**perceber** - perceive/notice	***corrigir** - correct
nadar - swim	**pretender** - intend	***fingir** - pretend
almoçar - have lunch	**receber** - receive	***fugir** - run away
escovar - brush	***aparecer** - appear/show up	***agir** - act
***pentear** - comb	***vencer** - win	***reagir** - react
levantar - get up	***esquecer** - forget	***mentir** - lie
deitar - lie down	**surpreender** - surprise	***exigir** - demand
colocar - put	***trazer** - bring	***transferir** - transfer
pagar - pay	**vender** - sell	***dormir** - sleep
ajudar - help	***conhecer** - know	***repetir** - repeat
desejar - desire	***dizer** - say/tell	***subir** - go up

tomar - take, drink	*reconhecer - recognize	*preferir - prefer
levar - take	*oferecer - offer	*servir - serve
ficar - stay	*agradecer - thank	*conseguir - manage to do
mudar - change, move	sofrer - suffer	*competir - compete
cortar - cut	morrer - die	admitir - admit/hire
lembrar - remember	*nascer - be born	demitir - fire/dismiss
usar - wear/use	*ver - see	resumir - summarize
visitar - visit	comer - eat	reunir - reunite/get together
arrumar - tidy up	ferver - boil	transmitir - transmit
esquentar - heat up	*ter - have	residir - live/reside
suar - sweat	*poder - to be able to / can	*ouvir - listen / hear
compartilhar - share	*perder - lose/miss	*pedir - ask for, order
ligar/desligar - turn on/off	*saber - know	*vir - come
escutar - hear/listen	aprender - learn	*ir - go
precisar - need	*merecer - deserve	dividir, repartir - share/divide
gastar - spend	varrer - sweep	sorrir - smile
*passear - stroll	bater - beat	permitir - allow

Changes in some verb conjugations:
Mudanças na conjugação de alguns verbos:

SUJEITO	DAR - GIVE	PENTEAR - COMB	PASSEAR - STROLL
EU	dou	penteio	passeio
VOCÊ/ELE/ELA	dá	penteia	passeia
NÓS	damos	penteamos	passeamos
VOCÊS/ELES/ELAS	dão	penteiam	passeiam

Ex: - Eu **dou** aula de português e inglês. (I teach Portuguese and English.)
 - Eles não **dão** atenção aos filhos. (They don't give any attention to their kids.)
 - Você **dá** dinheiro aos pobres? (Do you give money to the poor?)
 - Nós sempre **damos** as boas-vindas aos hóspedes. (We always welcome the guests.)

SUJEITO	**LER** READ	**SABER** KNOW	**PODER** BE ABLE TO / CAN	**FAZER** DO/ MAKE	**TRAZER** BRING	**DIZER** SAY/ TELL	**VER** SEE	**TER** HAVE	**PERDER** LOSE
EU	leio	sei	posso	faço	trago	digo	vejo	tenho	perco
VOCÊ/ ELE/ELA	lê	sabe	pode	faz	traz	diz	vê	tem	perde
NÓS	lemos	sabemos	podemos	fazemos	trazemos	dizemos	vemos	temos	perdemos
VOCÊS/ ELES/ ELAS	leem	sabem	podem	fazem	trazem	dizem	veem	têm	perdem

Ex: - Você **sabe** onde fica a biblioteca? (Do you know where the library is?)
    - Eu sempre **faço** as compras de mercado aos sábados. (I always go grocery shopping on Saturdays.)
    - Você **pode** viajar sempre, mas eu não **posso**. (You can always travel, but I can't.)

Verbs ending in -CER:
Verbos terminados em -CER:

VERBO	EU	VOCÊ/ELE/ELA	NÓS	VOCÊS/ELES/ELAS
vencer - win	ven**ço**	vence	vencemos	vencem
conhecer - know	conhe**ço**	conhece	conhecemos	conhecem
oferecer - offer	ofere**ço**	oferece	oferecemos	oferecem
agradecer - thank	agrade**ço**	agradece	agradecemos	agradecem
estabelecer - establish	estabele**ço**	estabelece	estabelecemos	estabelecem
aparecer - show up	apare**ço**	aparece	aparecemos	aparecem
esquecer - forget	esque**ço**	esquece	esquecemos	esquecem
reconhecer - recognize	reconhe**ço**	reconhece	reconhecemos	reconhecem
nascer - be born	nas**ço**	nasce	nascemos	nascem
merecer - deserve	mere**ço**	merece	merecemos	merecem

Ex: - **Agradeço** a Deus pela oportunidade de conhecer pessoas tão especiais. (I thank God for the opportunity to meet such special people.)
    - Eu sempre **ofereço** ajuda aos idosos. (I always offer help to the elderly.)
    - Eu **não conheço** essa cidade. Você conhece? (I don't know this city. Do you know it?)
    - Eu jogo xadrez muito bem. Eu sempre **venço**. (I play chess very well. I always win.)

VERBO	EU	VOCÊ/ELE/ELA	NÓS	VOCÊS/ELES/ELAS
sair - leave	saio	sai	saímos	saem
cair - fall	caio	cai	caímos	caem
vestir - dress	visto	veste	vestimos	vestem
transferir - transfer	transfiro	transfere	transferimos	transferem
mentir - lie	minto	mente	mentimos	mentem
dormir - sleep	durmo	dorme	dormimos	dormem
repetir - repeat	repito	repete	repetimos	repetem
subir - go up	subo	sobe	subimos	sobem
preferir - prefer	prefiro	prefere	preferimos	preferem
servir - serve	sirvo	serve	servimos	servem
conseguir - manage to do	consigo	consegue	conseguimos	conseguem
ouvir - listen, hear	ouço	ouve	ouvimos	ouvem
pedir - ask for, order	peço	pede	pedimos	pedem
vir - come	venho	vem	viemos	vêm
ir - go	vou	vai	vamos	vão
competir - compete	compito	compete	competimos	competem

Ex: - Eu nunca **saio** de casa sem os meus documentos. (I never leave home without my ID.)

- Você dorme cedo? Não, eu **durmo** muito tarde. (Do you sleep early? No, I sleep/go to bed very late.)

- Não **consigo** falar com ele. O telefone deve estar com problema. (I can't talk to him. The phone must have a problem.)

- Eu sempre lembro de você quando **ouço** essa música! (I always think of you when I listen to this song!)

Verbs ending in -GIR:
Verbos terminados em -GIR

VERBO	EU	VOCÊ/ELE/ELA	NÓS	VOCÊS/ELES/ELAS
dirigir - drive	diri**j**o	dirige	dirigimos	dirigem
corrigir - correct	corri**j**o	corrige	corrigimos	corrigem
fingir - pretend	fin**j**o	finge	fingimos	fingem
fugir - run away	fu**j**o	foge	fugimos	fogem
agir - act	a**j**o	age	agimos	agem
reagir - react	rea**j**o	reage	reagimos	reagem
exigir - demand	exi**j**o	exige	exigimos	exigem

Ex: - Ela **dirige** muito bem; até caminhão! (She drives very well; even a truck!)

- Eu **fujo** de homem pão-duro. (I run away from stingy men.)

- Eles **exigem** comprovante de residência para abrir a conta no banco. (They demand proof of address when opening a bank account.)

- Eu sempre **ajo** com cautela quando viajo para outro país. (I always act with caution when I travel abroad.)

ORAL PRACTICE - PRÁTICA ORAL

1- Você **faz** a cama todos os dias? - Do you make the bed every day?
2- Você **acorda** cedo aos domingos? - Do you wake up early on Sundays?
3- Você **dirige** para o trabalho? - Do you drive to work?
4- Você **ouve** música brasileira? - Do you listen to Brazilian music?
5- Você **dá** dinheiro aos mendigos? - Do you give money to the homeless?
6- Você **sua** muito? - Do you sweat a lot?
7- Você **passeia** com o seu cachorro nos fins de semana? - Do you walk your dog on weekends?
8- Você **penteia** os cabelos todo dia? - Do you comb your hair every day?
9- Você **lê** as notícias na Internet todos os dias? - Do you read the news online every day?
10- Você **esquece** as coisas facilmente? - Do you forget things easily?
11- Você **traz/leva** a sua comida para o trabalho? - Do you bring/take your food to work?
12- Você **conhece** o Grand Canyon? - Do you know the Grand Canyon?
13- Você sempre **diz** a verdade? - Do you always tell the truth?
14- O que você **oferece** aos seus amigos quando eles vão à sua casa? - What do you offer your friends when they go to your house?
15- Quais são as coisas que você **agradece** a Deus todos os dias? - What are the things you thank God for every day?
16- O que você **vê** na TV à noite? - What do you watch on TV at night?
17- Quantas vezes por semana você **varre** o chão da sua casa? - How many times a week do you sweep the floor?
18- Você **tem** muitos amigos de infância? - Do you have many childhood friends?
19- O que você **merece** de bom nessa vida? - What do you deserve in life?
20- O que você **sabe** sobre o Brasil? - What do you know about Brazil?
21- Você **perde** suas coisas com frequência? - Do you often lose your things?
22- Você **desiste** das coisas facilmente? - Do you give up on things easily?
23- A que horas você **sai** de casa pro trabalho? - What time do you leave home to go to work?
24- Você **proíbe** o seu cachorro / o seu filho / a sua filha de fazer alguma coisa? - Do you forbid your dog/son/daughter from doing something?
25- Você **discute** muito com seus amigos? - Do you argue a lot with with your friends?
26- Você **dirige** sempre com cinto de segurança? - Do you always drive wearing the seatbelt?
27- Você **corrige** as pessoas que falam errado? - Do you correct people who speak wrongly?
28- Você **finge** gostar de alguma coisa para agradar uma pessoa? - Do you pretend to like something to please someone?
29- Como você **age** numa situação tensa? - How do you act in a tense situation?
30- Como você **reage** às pessoas agressivas? - How do you react to rude people?
31- Você sempre **exige** explicações? - Do you always demand an explanation?
32- Como você **transfere** dinheiro facilmente para uma pessoa hoje em dia? - How do you easily transfer money nowadays?
33- Você **dorme** de barriga pra cima, pra baixo ou de lado? - Do you sleep on your back, on your stomach or sideways?
34- Você geralmente **repete** o prato de comida? - Do you usually get seconds?
35- Você **sobe** pro seu apartamento de escada ou elevador? - Do you use the stairs or elevator to go to your apartment?
36- Você **prefere** vinho tinto ou branco? - Do you prefer red or white wine?
37- Como você **serve** o vinho tinto? Gelado ou na temperatura ambiente? - How do you serve red wine? Cold or room temperature?
38- Você **sofre** de enxaqueca? - Do you suffer from migraine?
39- Você **consegue** estudar ouvindo música? - Can you study listening to music?
40- O que você não **admite/aceita** em um relacionamento? - What can't/won't you accept in a relationship?
41- Você **ouve** bem? - Can you hear well?
42- O que você sempre **pede** a Deus? - What do you always ask God for?
43- Você sempre **divide** a conta com amigos? - Do you always split the bill with friends?

Tudo bem? Vamos aprender Português!

Aluno(a): _____

UNIT 4 - UNIDADE 4   Lesson 1 - Lição 1

TEXT - TEXTO

A minha rotina diária

Eu acordo às 6h da manhã todos os dias. Levanto, escovo os dentes, tomo banho, me arrumo e tomo o meu café da manhã. Saio de casa às 8h e vou para o trabalho de ônibus. Chego no escritório às 8h45 e passo o dia analisando relatórios e ligando para os clientes. Almoço à 1h30 da tarde. Gosto de comer arroz, feijão, salada e frango grelhado no almoço. Saio do trabalho às 6h e vou direto para a academia. Gosto de malhar 6 vezes por semana. Depois, vou pra casa, tomo um banho, como alguma coisa, assisto TV e vou dormir por volta das 11h da noite. Nos fins de semana, gosto de acordar um pouco mais tarde, passear com o meu cachorro, ir à praia e tomar uma cerveja com os amigos.

Verbs:

acordar = to wake up
levantar = to get up
escovar os dentes = to brush the teeth
tomar banho = to take a shower
se arrumar = to get dressed
tomar o café da manhã = to have breakfast
sair de casa = to leave home
ir para o trabalho = go to work
chegar = to arrive
passar = to spend

ligar (para) = to call
almoçar = to have lunch
gostar = to like
ir direto para = to go straight to (a place)
malhar (gíria)= to work out (slang)
comer = to eat
assistir TV = to watch TV
dormir = to sleep
passear = to stroll, to take a walk, to go for a ride
tomar ou beber = to drink

Vocabulary:

todos os dias = every day
café da manhã = breakfast
ônibus = bus
escritório = office
relatórios = reports
arroz = rice
feijão = beans
salada = salad
frango grelhado = grilled chicken
academia = gym
alguma coisa = something

por volta das = at around
fim de semana = weekend
um pouco = a little
tarde = late
mais tarde = later
cachorro = dog
praia = beach
cerveja = beer
amigo/a = friend

Compreensão de texto

1- Underline all the verbs in the text in the first person conjugation of the Simple Present:
   Sublinhe todos os verbos no texto na primeira pessoa do singular do presente simples:

2- Read the text aloud 3 times so you can practice and get used to the new words.
   Leia o texto em voz alta 3 vezes para praticar e se acostumar com as palavras novas.

EXERCÍCIOS

Presente do Indicativo dos verbos terminados em –ar

1- Fill in the blanks using the Simple Present:
   Complete as frases com o presente do indicativo dos verbos indicados em parêntesis:

a- A Rita e o João _____ (morar) na mesma casa.
b- Nós_____ (cantar) todos os dias no coro/coral da igreja.
c- O meu pai_____ (trabalhar) muito.
d- Eu _____ (viajar) todo ano para a Noruega.
e- Parabéns! Você_____ (dançar) muito bem!
f- Vocês _____ (passar) bastante tempo estudando português?
g- Ela _____ (gostar) muito de morangos.
h- Eu e ele _____ (conversar) sobre o jogo de futebol.
i- O Carlos também _____ (jogar) futebol.
j- Eu _____ (pensar) muito nos problemas da empresa.
k- Vocês _____ (telefonar) para o Miguel todos os dias?
l- O Sr. Santos _____ (levar) o cachorro para passear todos os dias.

2- Fill in the blanks using the Simple Present:
   Complete o texto com o **presente do indicativo** dos verbos em parêntesis.

a- A Dona Regina _____ (acordar) de manhã, _____ (ligar) o rádio e _____ (tomar) o café da manhã. Ela _____ (trabalhar) em uma escola onde _____ (dar) aulas de Geografia. No fim da tarde, ela _____ (passear) com o filho e depois, em casa, _____ (descansar) um pouco. No fim de semana, ela sempre _____ (convidar = invite) os amigos para pequenas festas.

b- A Marta _____ (atender) os clientes na loja de manhã. Ela _____ (sair) do trabalho às duas da tarde e, por isso, tem muito tempo livre. Ela _____ (passear) com os amigos, _____ (ler) livros ou revistas,_____ (correr) na praia e _____ (ouvir) música. À noite, ela _____ (sair) para comer alguma coisa com os amigos. Ela nunca se _____ (sentir) só!

Presente do Indicativo dos verbos terminados em – er e –ir

3- Fill in the blanks using the Simple Present:
   Preencha os espaços com o presente do indicativo dos verbos em parêntesis.

a- Nós _____ (pertencer =to belong) a uma orquestra.
b- Você_____ (beber) muita água?
c- O Gabriel _____ (assistir) televisão até muito tarde, todas as noites.
d- O Felipe sempre _____(abrir) as janelas da sala por causa do calor.
e- Ela _____ (bater) os ingredientes para o bolo por 10 minutos.
f- Eu _____ (dormir) muito cedo.
g- A Maria Clara não _____ (conseguir) andar de bicicleta.
h- Eu não _____ (entender) bem os exercícios.
i- Nós _____ (fazer) uma grande festa de aniversário todo ano.
j- Eu sempre_____ (dizer) a verdade.

4- Write about your daily routine and what you like to do in your free time. Then, rewrite it using your best friend's name so you can practice the conjugation of the verbs differently.
   Escreva sobre a sua rotina diária e o que gosta de fazer nas horas livres. Depois, reescreva o texto usando o nome do seu melhor amigo/da sua melhor amiga para praticar a conjugação dos verbos de forma diferente.

_____
_____
_____
_____
_____
_____
_____
_____
_____
_____
_____
_____
_____
_____

5- Write the correct verb in Portuguese:
   Escreva o verbo correto em português:

ride the train _____

ride the bus _____

travel by plane _____

sing Happy Birthday _____

play the guitar _____

go fishing _____

fly a kite _____

take photos _____

read a book _____

sing _____

smoke _____

walk the dog _____

pump gas _____

call _____

send a letter _____

UNIT 4 - UNIDADE 4   Lesson 2 - Lição 2

ADVERBS OF FREQUENCY - ADVÉRBIOS DE FREQUÊNCIA

- The adverbs of frequency are used to show how often something happens.
- **Os adverbios de frequência são usados para indicar com que frequência algo acontece.**

100%	sempre	always
	geralmente, normalmente	usually
	frequentemente, com frequência	frequently
	constantemente	often
50%	às vezes	sometimes
	de vez em quando, eventualmente	once in a while, occasionally
	raramente, esporadicamente	rarely, seldom
	quase nunca	hardly ever
0%	nunca	never

Mais exemplos:

- **todos os dias** - every day
- **dia sim, dia não** - every other day
- **uma vez na vida, outra na morte** - once in a blue moon
- **uma vez por semana** - once a week
- **duas vezes por mês** - twice a month
- **três vezes por ano** - three times a year
- **a cada 15 dias** - every other week

- **diariamente** - daily
- **semanalmente** - weekly
- **quinzenalmente** - biweekly
- **mensalmente** - monthly
- **anualmente** - yearly

- Ele está **constantemente** atrasado. (He is often late.)
- Eu **às vezes** acordo bem tarde no domingo. (I sometimes wake up very late on Sunday.)
- Ela **sempre** pode sair cedo do trabalho. (She can always leave work early.)
- As crianças **quase nunca** ficam em casa nos fins de semana.. (The kids hardly ever stay home on weekends.)

Let's practice! - Vamos praticar!

- O que você geralmente faz no sábado?
- O que você raramente come?
- Quando você faz a barba? / faz as unhas?
- Você recebe o seu salário semanalmente, quinzenalmente ou mensalmente?
- O que você faz diariamente?
- Me diz um lugar que você quase nunca vai.
- Me diz um país que você nunca quer conhecer.
- O que você gosta de comer de vez em quando?
- Onde você às vezes vai aos domingos?

Com que frequência você…?

- lê livros?
- assiste TV?
- bebe vinho?
- come fora?
- sai pra passear?
- come fast food?
- ouve música?
- manda mensagens no celular?
- entra nas suas redes sociais?
- compra roupas novas?
- viaja para fora do país?
- vai à praia?
- vai à academia?
- vai à igreja?
- vai esquiar?
- liga para sua mãe?
- vai a um restaurante caro?
- viaja de trem?
- anda de bicicleta?
- faz a barba?
- vai ao dentista?
- chora?
- agradece a Deus por algo?
- reza?
- come chocolate?
- vai ao mercado?
- vai ao cabeleireiro / barbeiro?
- estuda português?
- checa o seu email?

Tudo bem? Vamos aprender Português!

Aluno(a): _____

UNIT 4 - UNIDADE 4   Lesson 2 - Lição 2

EXERCÍCIOS

Presente do Indicativo dos verbos SER e ESTAR

1- Fill in the blanks with the correct form of the VERB TO BE in the present tense:
Complete as frases com os verbos SER ou ESTAR no presente do indicativo:

a- A minha professora _____ gripada.
b- O Sr. Medeiros _____ professor de Matemática.
c- As crianças _____ em casa no momento. Elas _____ felizes porque _____ de férias.
d- As meninas _____ brasileiras e os meninos _____ argentinos.
e- A Carla _____ alta.
f- A cadeira _____ quebrada. (broken)
g- _____ frio hoje.
h- _____ 2h da tarde.
i- Eu _____ de Chicago.
j- A Sara _____ em São Francisco agora.
k- A sopa _____ quente.
l- A sopa de carne da minha mãe _____ muito boa.
m- Eu e o João _____ amigos.
n- O Pedro e o Marcos _____ tristes com as notas da escola.
o- A Mayara não _____ casada.
p- A nova secretária _____ loira.

2- Fill in the blanks below with the correct form of the Simple Present Tense of the verbs in parenthesis:
Complete o texto abaixo usando o presente do indicativo dos verbos em parênteses:

A Srta Cristina Mendes _____ (trabalhar) numa agência de publicidade (advertising agency) em São Paulo. Ela _____ (levantar) todos os dias às 6h e _____ (fazer) uma hora de ioga. Depois da ioga, ela _____ (tomar) banho e _____ (preparar) o café da manhã. Ela geralmente _____ (comer) pão com queijo e uma fruta, e _____ (beber) uma xícara de café. Ela _____ (ir) trabalhar de carro e _____ (escutar) o noticiário do rádio (radio news) enquanto (while) _____ (dirigir). Ao chegar no escritório (office), _____ (ler) os e-mails e _____ (dar) instruções ao assistente dela. Num dia típico, ela _____ (ter) várias reuniões (meetings) e, às vezes, _____ (precisar) sair do escritório para visitar um cliente. Na hora do almoço, ela _____ (pedir) um sanduíche de uma lanchonete (snack bar) que entrega no escritório dela. Enquanto _____ (estar) comendo, ela _____ (assistir) vídeos na Internet ou _____ (dar) uma olhada nas revistas de moda. Ela geralmente _____ (ficar) no escritório até umas 7h30 da noite. Ela _____ (preferir) jantar em casa e, quando não _____ (sair) à noite, _____ (dormir) cedo, por volta das 10h.

3- Fill out the form below using the information about a family member or a friend:
   Preencha o formulário de identificação abaixo sobre alguém da sua família ou um amigo:

FORMULÁRIO DE IDENTIFICAÇÃO
Sr / Sra/ Srta
Sobrenome _____ Nome _____
Endereço:
Rua _____ Número _____
CEP _____ Cidade _____ Estado _____
Número de telefone (trabalho): _____
Numero de telefone (celular): _____
Data de nascimento:
Dia _____ Mês _____ Ano _____
Lugar de nascimento (cidade e país): _____
Nacionalidade: _____
Estado Civil: solteiro ___ casado ___ divorciado ___ viúvo ___ outro ___
Nome do(a) esposo(a): _____
Lugar de trabalho: _____
Se não trabalha no momento, o que faz?: _____.

4- Translate the sentences:
   Traduza as frases:

a- I call him once in a while. _____

b- He hardly ever travels. _____

c- The office is always full of people. _____

d- They eat out twice a week. _____

e- They are often late. _____

f- He shaves every other day. _____

g- My grandma sees the doctor once a month. _____

UNIT 4 - UNIDADE 4   Lesson 3 - Lição 3

THERE IS / THERE ARE - VERBO HAVER, TER, EXISTIR

* **Há, Existe, Existem, Tem** (verbo no presente)

In spoken language, 'TER' is used instead of 'HAVER' in Portuguese.
O verbo TER é mais usado do que HAVER na língua portuguesa.

Exemplos:

- **Quantos alunos há/tem na sala-de-aula?** - How many students are there in the classroom?
  Há/Tem 10 alunos. - There are 10 students.

- **Tem leite na geladeira.** - There is milk in the fridge.

- **Há/Existem/Tem várias formas de resolver o problema.** - There are many ways to solve the problem.

The present tense form "HÁ" can also mean FOR (a period of time that started in the past and continues up to now).
O verbo **HAVER** no presente também é usado para indicar **período de tempo.**

- **Moro em Miami há cinco anos.** - I have lived / have been living in Miami **for** 5 years.

The verb "FAZER" can also be used when indicating time.
O verbo **FAZER** também pode ser usado **indicando tempo.**

- **Faz anos que não vejo a Patrícia.** ou / **Não vejo a Patrícia há anos.**
- It's been years since I last saw Patrícia.
- I haven't seen Patrícia **in** years.

- **Ele não come mais carne há 1 ano. / Faz 1 ano que ele não come mais carne.**
- He hasn't eaten any more meat **for** one year.
- It's been one year since he last ate meat.

Let's practice! - Vamos praticar!

- Quantas pessoas tem no seu trabalho?
- O que tem embaixo da sua cama?
- Quantos habitantes tem na sua cidade?
- Tem algum supermercado perto da sua casa?
- Quantos quartos tem a sua casa?
- Quantas fotos tem dentro do seu celular?
- Existe solução para a violência urbana?

Há quanto tempo você não…? (How log has it been since you last…?)

- vê o seu pai?
- come lagosta? / pizza / uma boa sobremesa?
- vai ao cinema?
- vai à praia?
- compra roupa nova?
- anda de bicicleta?
- ri da barriga doer?
- visita os seus parentes?
- canta no chuveiro?
- vai à igreja?
- vai ao dentista?
- vai ao médico?
- viaja de férias?

Tudo bem? Vamos aprender Português!

Aluno(a): _____

UNIT 4 - UNIDADE 4   Lesson 3 - Lição 3

EXERCÍCIOS

1- Answer the questions:
   Responda:

a- Quantas pessoas (people) tem na sua família?
_____

b- Há quanto tempo você mora nesta cidade? (city)
_____

c- O que tem na sua geladeira? (refrigerator)
_____

d- Há quanto tempo você está no seu emprego atual? (current job)
_____

e- Existe/ Há / Tem muita pobreza (poverty) no seu país?
_____

f- Há muitas frutas diferentes no seu país? (country) Quais?
_____

g- O que tem dentro da sua bolsa? (bag/purse) / carteira? (wallet) / mochila? (backpack)
_____

2- Fill in the blanks using the verb TER in the present tense:
   Complete as frases com o verbo TER no presente do indicativo:

a- _____ muitas farmácias (drugstores) na minha cidade.
b- A família da Rita _____ várias sapatarias (shoe stores) no Rio de Janeiro.
c- Hoje _____ um concerto de jazz no parque. Quer ir comigo?
d- Quantas mesas (tables) _____ na sala de aula (classroom)? _____ 1 mesa.
e- Nós _____ muitos amigos em Portugal.
f- _____ queijo (cheese) e presunto (ham) na geladeira. Você quer que eu faça um misto-quente (grilled ham and cheese sandwich) pra você?
g- _____ um bom filme (movie) no cinema (movie theater) hoje à noite. Vamos?
h- Eles _____ uma casa linda na praia. (beach)
i- _____ muitas casas bonitas nesta rua. (street)
j- A casa dela _____ quatro quartos. (bedrooms)
k- Eu _____ vários sapatos (shoes) no meu armário. (closet)
l- Você _____ uma caneta (pen) para me emprestar? (to lend)

UNIT 4 - UNIDADE 4   Lesson 3 - Lição 3

ORAL REVIEW - REVISÃO ORAL

- Responda:

a- O que você gosta de fazer com seus amigos/ suas amigas?

b- Quantos irmãos você tem? Você se dá bem com todos eles?

c- Que tipo de música você gosta? Quem é o seu cantor favorito?

d- Como você descreveria um "bom amigo"?

e- Você dirige bem?

f- O que você gosta de fazer depois do trabalho?

g- Descreva a sua personalidade.

h- Quais esportes você gosta de assistir?

i- Descreva a personalidade do seu melhor amigo/ da sua melhor amiga. O que o/a faz especial?

j- Qual é o seu endereço? Há quanto tempo você mora lá /aí?

k- O que você faz? / Você trabalha com o quê?

l- Quais os esportes que você não tem interesse? Por que?

m- Quais são os seus interesses?

n- Você está sempre atrasado(a)?

o- Que tipo de filmes você gosta de assistir/ver?

p- Qual é o nome da cidade onde você nasceu?

q- Quais são os esportes que você pratica?

r- Como você gosta de comemorar o seu aniversário?

s- Apresente uma pessoa para mim.

t- Qual é o seu telefone? Você seria capaz de ficar 48 horas sem ele? / de ficar sem ele por 48 horas?

u- Como você é fisicamente?

v- Apresente-se para mim.

w- Como se soletra o seu sobrenome? Você tem descendência europeia?

UNIT 4 - UNIDADE 4   Lesson 4 - Lição 4

FOODS AND BEVERAGES - COMIDAS E BEBIDAS

breakfast - **café da manhã**
lunch - **almoço**
snack - **lanche**
dinner - **jantar**

VOCABULARY - VOCABULÁRIO

bread - **pão**
cheese - **queijo**
Brazilian style cream cheese - **requeijão**
ham - **presunto**
butter - **manteiga**
bacon - **bacon**
jelly - **geleia**
yogurt - **iogurte**
eggs - **ovos**
cake - **bolo**
carrot cake - **bolo de cenoura**
pie - **torta**
apple pie - **torta de maçã**
cookies - **biscoitos, bolachas**
sandwich - **sanduíche**
oatmeal - **aveia**
cereal - **cereal**
pancake - **panqueca**
rice - **arroz**
beans - **feijão** (used in the singular)
potato - **batata**
salad - **salada**
meat - **carne**
chicken - **frango**
fish - **peixe**
turkey - **peru**
pork - **porco**
seafood - **frutos do mar**
pizza - **pizza**

water - **água**
coffee - **café**
milk - **leite**
latte - **café com leite**
tea - **chá**
juice - **suco**
soda - **refrigerante**
coconut water - **água de coco**
beer - **cerveja**
wine - **vinho**
red wine - **vinho tinto**
white wine - **vinho branco**
whiskey - **uísque**
vodka - **vodka**
***cachaça** - rum-like Brazilian liquor
***caipirinha** - Brazil's national cocktail, made with cachaça, sugar and lime

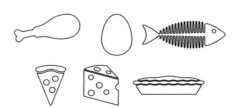

veggies - **legumes e verduras**

pasta - **massa**

***macarrão** - general use of different kinds of pasta such as noodles, spaghetti, macaroni, penne, etc

***feijoada** - typical Brazilian dish

soup - **sopa**

vegetable soup - **sopa de legumes**

fruit - **fruta**

ice cream - **sorvete**

candies - **doces, balas**

honey - **mel**

sugar - **açúcar**

brown sugar - **açúcar mascavo**

sweetener - **adoçante**

a glass/a cup of water - **um copo d'água**

a glass of wine - **uma taça/um copo de vinho**

a cup of tea - **uma xícara de chá**

mug - **caneca**

Exemplos:
- **O que você gosta no café da manhã?** (What do you like (to have) for breakfast?)
   Gosto de pão com requeijão, frutas e café com leite. (I like to have bread and cream cheese, fruit and latte)
- **Eu não como carne todos os dias, mas sempre como peixe ou frango.**
   (I don't eat red meat every day, but I always eat fish or chicken.)

FRUITS - FRUTAS

abacate	avocado	**maçã**	apple
abacaxi	pineapple	**manga**	mango
ameixa	plum	**maracujá**	passion fruit
amora	blackberry	**melancia**	watermelon
banana	banana	**morango**	strawberry
cereja	cherry	**pêssego**	peach
coco	coconut	**pera**	pear
damasco	apricot	**uva**	grape
figo	fig	**melão**	melon
goiaba	guava	**mamão**	papaya
kiwi	kiwi	**romã**	pomegranate
laranja	orange	**framboesa**	raspberry
limão	lime	**mirtilo**	blueberry
limão siciliano	lemon	**tangerina**	tangerine

VEGGIES - LEGUMES E VERDURAS

alho	garlic	**tomate**	tomato	**coentro**	cilantro
cebola	onion	**beterraba**	beet	**cogumelo**	mushroom
aipo, salsão	celery	**pimentão**	bell pepper	**batata-doce**	sweet potato
berinjela	eggplant	**salsinha**	parsley	**grão-de-bico**	chickpeas
quiabo	okra	**pepino**	cucumber	**rúcula**	arugula
brócolis	broccoli	**batata**	potato	**cebolinha**	green onion
abobrinha	zucchini	**milho**	corn	**alcachofra**	artichoke
abóbora	pumpkin	**alface**	lettuce	**cenoura**	carrot
repolho	cabbage	**vagem**	green beans	**rabanete**	radish
couve-flor	cauliflower	**lentilha**	lentils	**espinafre**	spinach
aspargo	asparagus	**ervilha**	peas	**couve**	kale

AT THE RESTAURANT - NO RESTAURANTE

Vocabulário:

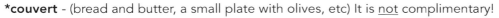

menu - **cardápio, menu**

appetizer - **entrada, aperitivo, petisco**

*****couvert** - (bread and butter, a small plate with olives, etc) It is <u>not</u> complimentary!

*****couvert artístico** - a fee charged when there is live music at the restaurant

tip - **gorjeta** (In Brazil, most restaurants charge 10% tip.)

beverages - **bebidas**

wine list - **carta de vinhos**

entrée - **prato principal**

side dishes - **acompanhamentos, guarnições**

dessert - **sobremesa**

waiter, server - **garçom**

waitress - **garçonete**

tray - **bandeja**

fork - **garfo**

spoon - **colher**

knife - **faca**

silverware - **talheres**

glass - **copo**

wine glass - **taça de vinho**

bottle - **garrafa**

plate - **prato**

napkin - **guardanapo**

to order - **pedir, fazer o pedido**

the check - **a conta**

a side order of French fries - **uma porção de batata-frita**

sweets - **doces**

savory food - **salgados**

junk food - **comida que não é saudável, "besteira", "porcaria"** (slang/gíria)

Brazilian barbecue - ***churrasco** (different from the American one)

steakhouse - **churrascaria**

buffet style (pay-what-it-weighs "kilo" restaurant) - **restaurante self-service, restaurante a quilo**

snack bar - **lanchonete**

café, coffee shop - **cafeteria**

cafeteria - **refeitório, cantina**

bar - **bar**

ice cream shop - **sorveteria**

spices - **temperos**

spicy - **apimentado/a, picante**

salty - **salgado/a**

salt - **sal**

pepper - **pimenta**

hot sauce - **molho de pimenta**

dressing- **molho de salada**

sauce - **molho**

sparkling water - **água com gás**

regular water - **água comum**

*How to order your meat:
  Como pedir a sua carne:

- medium well - **bem passada**
- medium - **ao ponto**
- rare - **mal passada**

*Kinds of milk
  Tipos de leite

whole milk - **leite integral**

2% milk, reduced fat milk - **leite semi-desnatado**

fat free milk, skim milk - **leite desnatado**

lactose-free milk - **leite sem lactose**

almond milk - **leite de amêndoas**

coconut milk - **leite de coco**

goat milk - **leite de cabra**

soy milk - **leite de soja**

*Cooking styles
Jeitos de cozinhar

assado/a (bolo, batata) - baked
assada (carne) - roast
frito - fried
grelhado - grilled, broiled
cozido - boiled
gratinado - au gratin
ao vapor, no vapor - steamed

*Cooking styles
Verbos:

assar - bake, roast
fritar - fry
grelhar - grill, broil
cozinhar - boil
gratinar - cook au gratin
cozinhar ao vapor, no vapor - steam

TYPICAL BRAZILIAN MENU - TÍPICO CARDÁPIO BRASILEIRO
(IN A RESTAURANT, BAR OR SNACK BAR - EM UM RESTAURANTE, BAR OU LANCHONETE

CARDÁPIO - MENU

ENTRADAS - APPETIZERS	PRATOS PRINCIPAIS - ENTRÉES
frango à passarinho - Brazilian chicken wings	**Picanha na chapa** - grilled top sirloin steak
bolinho de bacalhau - fried codfish croquette	**filé mignon com purê de batatas** - filet with mashed potatoes
bolinho de aipim com carne seca - yuca croquette filled with shredded beef jerky	**estrogonofe de carne ou frango** - beef or chicken strogonoff
coxinha de frango - chicken croquette	**filé de frango grelhado** - grilled chicken filet
kibe frito - kibbeh (Lebanese beef croquette)	**filé de peixe com arroz e batatas** - filet of fish with rice and potatoes
pastel de queijo, carne e camarão - fried Brazilian "empanadas" style filled with cheese, beef or shrimp	**moqueca de peixe** - Brazilian fish stew
escondidinho de carne seca, de camarão - Brazilian casserole made with mashed yuca filled with shredded beef jerky or shrimp.	**feijoada** - typical Brazilian black bean stew with beef and pork
linguiça acebolada - fried sausage with quick-browned sautéed onions	**espaguete à bolonhesa** - spaghetti bolognese
coração de frango - fried chicken hearts with quick-browned sautéed onions	**lasanha de carne** - beef lasagna
camarão ao alho e óleo - sautéed shrimp with garlic	**bife à milanesa** - breaded beef filet
carpaccio - beef carpaccio	**costela de porco** - pork ribs
pão de queijo - Brazilian style cheese bread	**medalhão ao molho madeira** - filet mignon with madeira sauce (mushroom and red wine sauce)
hamburguer - hamburger	**risoto de camarão** - shrimp risotto
x-burguer - cheeseburger	
x-tudo - loaded cheese burger (special burger with bacon, ham, cheese, fried egg, lettuce, tomato, mayo)	
torta de frango com catupiry - chicken pie	
isca de peixe - fish fingers	

ACOMPANHAMENTOS - SIDE DISHES	SOBREMESAS - DESSERT
arroz branco - white rice	**Pudim de leite condensado** - Brazilian flan
arroz à Piamontese - special white rice made with mozzarella cheese, mushrooms and table cream	**pavê de chocolate** - Brazilian dessert made with cookies & cream
batata frita - French fries	**mousse de maracujá** - passion fruit mousse
feijão tropeiro - typical Brazilian dish with beans, sausage, bacon, collard greens and scrambled eggs	**mousse de chocolate** - chocolate mousse
mandioca frita / aipim frito - fried yuca	**brigadeiro** - traditional Brazilian dessert made of condensed milk, cocoa powder, butter and chocolate sprinkles covering the outside layer (party treat)
salada simples - house salad	**creme de papaya cassis** - cream of fresh papaya blended with vanilla ice cream and cassis liquor
purê de batatas - mashed potatoes	**torta de chocolate** - chocolate pie
arroz à grega - rice with raisins chopped veggies	**petit gateau** - molten chocolate lava cake
molho vinagrete - Brazilian salsa (chopped tomatoes, onions, parsley, olive oil, vinegar)	**morangos com creme** - strawberries with cream
farofa - yuca flour mixture (mixed with eggs, olives, onions, garlic, bacon, etc)	**bolo floresta negra** - chocolate cake with cherries
maionese de batata - potato salad (Brazilian style)	**sorvete com calda de chocolate** - ice cream and chocolate syrup

At the bar - No bar

Garçom: Boa noite! Bem-vindos!
  Gostariam de algo para beber?
Cliente A: Uma cerveja bem gelada, por favor. Skol ou Brahma, de preferência.
Client B: Vou querer um chopp.
Garçom: Vocês gostariam de algum aperitivo?
Cliente A: Sim. Eu quero uma porção de batata frita.
Cliente B: Vou querer uma porção de bolinho de bacalhau.
Garçom: Mais alguma coisa?
Cliente A: Por enquanto não. Obrigado.

Mais tarde:
Cliente A: Garçom, mais dois chopps e a conta, por favor.

*Skol and Brahma are famous Brazilian beer brands
Vou querer - I'll have
chopp - draft beer
aperitivo - appetizer
porção - side order
por enquanto não - not for now

At the restaurant - No restaurante

Garçom: Boa noite!
Já conhecem a churrascaria ou é a primeira vez?

Cliente A: Já conhecemos!

Garçom: Que ótimo! Então já conhecem o sistema, né?
Ali fica a mesa de frios e vocês podem se servir a vontade. Se quiserem alguma entrada especial, temos um cardápio com as opções. Os garçons já irão trazer os acompanhamentos e as carnes. Alguma preferência?

Cliente A: Gostamos de picanha ao ponto.

Garçom: Sim, senhor. Providenciarei a melhor picanha para vocês.
E para começar, o que a senhora gostaria de beber? Aqui está a carta de vinhos.

Cliente B: Vou querer uma Coca-Cola, por favor.

Garçom: E o senhor?

Cliente A: Uma taça de vinho tinto, por favor. E uma água com gás.

Garçom: Sim, senhor.
Com licença.

churrascaria - steakhouse
ali - there
mesa de frios - salad bar
a vontade - as much as you want
entrada especial - special appetizer
cardápio - menu
acompanhamentos - side dishes
picanha - the prime part of the sirloin
ao ponto - medium
providenciar - to provide (in the sentence, it means " I will take care of that right away.)"
carta de vinhos - wine list
uma taça de vinho - a glass of wine
água com gás - sparkling water

At the grocery store / supermarket - No mercado/supermercado

Where can I find? - **Onde posso encontrar/ Onde fica...?**
It's on aisle 6 - **No corredor 6.**
Sorry, we don't carry this product. - **Nós não vendemos (temos) esse produto na loja. / Nós não trabalhamos com esse produto.**

shopping cart - **carrinho de compras**
basket - **cesta**
aisle - **corredor**
produce - **hortifruti**
vegetables - **legumes e verduras**
fruit - **frutas**
deli meats / cold cuts - **frios**
ham - **presunto**
smoked ham - **presunto defumado**
dairy - **laticínios**
fine meats - **carnes**
beef - **carne (de boi/vaca)**
ground beef - **carne moída**
steak - **bife**
chicken breast - **peito de frango**
fish - **peixe**
seafood - **frutos do mar**
vegan - **vegano**
vegetarian - **vegetariano**
organic - **orgânico**
lactose free - **sem lactose**
candies - **balas, doces**
chips - **batata frita (de pacote)**
nuts - **castanhas**
bread - **pão**
wholewheat bread - **pão integral**
white bread - **pão branco**
bun - **pão de hambúrguer e cachorro quente**
beverages - **bebidas**
soft drinks - **bebidas não alcólicas**
energy drinks - **energéticos**
laundry section - **seção de lavanderia**
laundry detergent - **detergente líquido, sabão em pó**
fabric softener - **amaciante**
dish soap - **detergente**

go to checkout line - **ir para o caixa, ir pagar**
checkout line - **fila do caixa**
cashier - **caixa**
How would you like to pay? - **Como vai pagar?**
cash - **em dinheiro, à vista**
credit/debit card - **com cartão de crédito/débito**

Tudo bem? Vamos aprender Português!

Aluno(a): _____

UNIT 4 - UNIDADE 4   Lesson 4 - Lição 4

EXERCÍCIOS

1- Answer the questions:
   Responda:

a- Você gosta de <u>comer fora</u>? (eat out)

b- Qual é o seu restaurante favorito?

c- Quais são as suas <u>sobremesas</u> favoritas? (desserts)

d- O que você geralmente come no almoço?

e- Você gosta mais de doces ou salgados?

f- Qual é a sua comida favorita?

g- Qual é o <u>prato típico</u> do seu país? (typical dish)

h- E a bebida?

i- A sua mãe/esposa cozinha bem? O que você mais gosta que ela faça?

j- Quanto você geralmente deixa de <u>gorjeta</u> num restaurante? (tip)

k- Tem muitas frutas e verduras na sua geladeira?

l- Você gosta do café da manhã americano?

m- Como você gosta da sua carne?

n- Você prefere frutos do mar ou massa?

o- Você está acostumado a comer as três <u>refeições</u> diárias? (meals)

p- Quais são os seus <u>acompanhamentos</u> favoritos? (side dishes)

q- Escreva o nome de 5 frutas que você gosta.

r- Escreva o nome de 5 legumes e verduras que você não gosta.

2- Translate the sentences to Portuguese:
   Traduza as frases para o Português:

a- I like to drink orange juice in the morning. What do you like to drink for breakfast?
_____
_____

b- He eats rice, beans, chicken and salad for lunch and pasta for dinner.
_____
_____

c- What fruits do you like? I love peach, apple, avocado, watermelon and pomegranate.
_____
_____

d- They always drink beer and eat barbecue on the weekend.
_____

e- A turkey sandwich, a bottle of grape juice and that chocolate pie over there, please!
_____
_____

f- Good evening! Welcome! Would you like something to drink?
_____

g- Do you eat vegetables? Yes, I usually have a salad with tomatoes, lettuce, chickpeas, onions, carrots, cucumber and olives.
_____
_____

h- She likes oatmeal with banana, raspberries, blackberries, strawberries and honey in the morning, with a cup of tea.
_____
_____

3- Write the name of the fruit:
   Escreva os nomes das frutas:

"Don't leave for tomorrow what you can do today". / "Não deixe para amanhã o que pode fazer hoje."

UNIT 5 - UNIDADE 5

CAN
Verbo poder, saber, conseguir

THE HOME
A casa

THE HUMAN BODY
O corpo humano

SIMPLE FUTURE TENSE
Futuro do Presente do Indicativo

UNIT 5 - UNIDADE 5   Lesson 1 - Lição 1

CAN - PODER, SABER, CONSEGUIR

- Used in case of possibility, ability, availability and permissibility. The translation is different according to what the sentence means.
- **Usado nos casos de possibilidade, habilidade, disponibilidade e permissividade. A tradução é diferente, de acordo com o que a frase quer dizer. (poder, conseguir ou saber)**

Exemplos:

- **I can** fix the cabinet for you. (possibility, availability)
- **Eu posso** consertar o armário para você.

- **Can you** come tomorrow at 7pm? (possibility, availability)
- **Você pode** vir amanhã às 7h da noite?

- **She can't** travel alone. (permission)
- **Ela não pode** viajar sozinha.

- **Can you** ride a horse? No, I can't. (learned skills)
- **Você sabe** andar a cavalo? Não, eu não sei.

- **Can you** cook? Yes, I can cook very well. (ability)
- **Você sabe** cozinhar? Sim, sei cozinhar muito bem.

- **I can't** open the door. It's stuck. (physical ability)
- **Não consigo** abrir a porta. Está emperrada. (=presa)

- **He can** eat 3 cheeseburgers at a time.
- **Ele consegue** comer 3 xbúrgueres de uma vez.

	PODER	SABER	CONSEGUIR
Eu	posso	sei	consigo
Você	pode	sabe	consegue
Ele/Ela	pode	sabe	consegue
Nós	podemos	sabemos	conseguimos
Vocês/ Eles/Elas	podem	sabem	conseguem

> Can you hear me? - **Você 'tá' me ouvindo?**
> Can you see me? - **Você está me vendo?**
> I can't wait to… - **Não vejo a hora de…**

Let's practice! Vamos praticar!

- O que você sabe fazer bem?
- O que você sabe cozinhar?
- Você sabe andar de patins? / de skate? / a cavalo? / de moto?
- Você sabe dirigir caminhão?
- Você sabe trocar o pneu do carro? (to change the tires)
- O que você sabe falar em francês? / em japonês?
- Você sabe assoviar? (to whistle)
- Você pode me ligar amanhã à noite?
- Você pode me emprestar $10? (to lend)
- Você consegue comer uma pizza inteira?
- Você consegue correr 3 milhas?
- Você consegue resolver seus problemas rápido?
- Você consegue ficar sem beber água um dia inteiro?
- Você consegue entender mandarim?
- Você conhece alguém que consegue prever o futuro? (to forsee the future)

Tudo bem? Vamos aprender Português!

Aluno(a): _____

UNIT 5 - UNIDADE 5 **Lesson 1 - Lição 1**

EXERCÍCIOS

1- Answer the questions:
   Responda:

a- Que língua estrangeira você sabe falar? (foreign language)
_____

b- Você sabe dançar salsa?
_____

c- O que você sabe fazer bem?
_____

d- O que os diabéticos não podem comer?
_____

e- Você consegue pular corda por 10 minutos? (to jump the rope)
_____

f- Um bebê de 6 meses sabe andar?
_____

g- Você sabe/consegue 'plantar bananeira'? (to do a handstand)
_____

h- Você sabe dirigir carro de marcha? (manual transmission, stick shift)
_____

i- O que podemos fazer para acabar com a violência?
_____

j- Você consegue enxergar/ver bem de longe? (far away)
_____

k- Qual é o melhor prato que a sua mãe/esposa sabe fazer? (dish)
_____

l- Você consegue pagar todas as suas contas com o seu salário? (all your bills)
_____

m- Você sempre pode viajar nas férias? (on your vacation)
_____

n- Você consegue estudar ouvindo música? (listening to music)
_____

o- Onde você pode comer uma boa pizza na sua cidade?
_____

p- Que tipo de música você sabe cantar? (to sing)
_____

2- Use the correct verb tense:
   Use o tempo verbal correto: (saber, poder, conseguir)

a- Ele _____ (saber) falar 3 línguas estrangeiras, mas eu só _____ (saber) uma.

b- Eles nunca _____ (conseguir) desconto na loja.

c- Eu _____ (poder) comprar o ingresso do show para você. Você _____ (saber) o preço certo?

d- A Ana Maria _____ (saber) dirigir muito bem.

e- Eles _____ (saber) tudo sobre computador, mas _____ (conseguir/negativa) um bom emprego.

f- Você _____(saber) dirigir bem? Sim, _____(saber) dirigir muito bem.

g- Eu não _____ (conseguir) falar com o Marcos há dois dias.

h- Você _____ (poder) vir aqui em casa na quarta-feira? Sim, _____. (poder)

i- Eles estão tentando comprar o ingresso online, mas não estão _____. (conseguir)
   Tem algum problema no website.

3- Translate the sentences:
   Traduza as frases:

a- Can you ride a motorcycle? Yes, I can.
_____

b- Do you know anybody who can sing well? Yes, I do. My cousin Júlia can sing very well.
_____
_____

c- He can't open the window. I think it's broken.
_____

d- Can you close the door, please?
_____

e- How many languages can she speak?
_____

f- I can't eat all this food!
_____

UNIT 5 - UNIDADE 5   Lesson 2 - Lição 2

THE HOME - A CASA

- dining room, dining area - **sala de jantar**
- living room - **sala de estar**
- TV room, family room - **sala de TV ou leitura**
- bedroom - **quarto**
- guest room - **quarto de hóspedes**
- hall - **corredor**
- bathroom - **banheiro**
- kitchen - **cozinha**

- laundry room - **área de serviço, lavanderia**
- garage - **garagem**
- front yard, front lawn - **jardim**
- back yard - **quintal**
- (vegetable) garden - **horta**
- porch - **varanda**
- patio - **pátio**
- balcony - **sacada**

Vocabulário:

BEDROOM - QUARTO	BATHROOM - BANHEIRO
bed - **cama**	toilet - **vaso (sanitário)**
nightstand - **mesa de cabeceira**	shower - **chuveiro**
dresser - **cômoda**	bathtub - **banheira**
closet - **closet**	medicine cabinet - **armário de remédios**
wardrobe - **armário / guarda-roupa**	shampoo - **xampu**
blanket - **cobertor**	conditioner - **condicionador**
comforter - **edredom**	soap - **sabonete**
pillow - **travesseiro**	toilet paper - **papel higiênico**
pillowcase - **fronha**	toothbrush - **escova de dentes**
sheets - **lençol**	toothpaste - **pasta de dentes**
mattress - **colchão**	razor - **'gillette'/prestobarba**
shelf - **prateleira**	Q-tips - **cotonete**
lamp - **abajur**	hairbrush - **escova de cabelo**
desk - **mesa (de computador/de escritório), escrivaninha**	comb - **pente** deodorant - **desodorante**
fan - **ventilador**	mirror - **espelho**
bunk bed - **beliche**	hairdryer - **secador de cabelo**
	bath towel - **toalha de banho** hand towel - **toalha de rosto**
	makeup - **maquiagem**

KITCHEN - COZINHA	LIVING ROOM - SALA
refrigerator - **geladeira**	sofa/couch - **sofá**
stove - **fogão**, oven - **forno**	armchair - **poltrona**
microwave oven - **forno de micro-ondas**	TV - **TV / televisão**
blender - **liquidificador**	TV stand, entertainment center - **rack**
juicer - **espremedor de suco**	coffee table - **mesa de centro**
coffee maker - **cafeteira**	rug - **tapete**
sink - **pia**	bookcase - **estante de livros**
cabinet - **armário** mixer - **batedeira** pressure cooker - **panela de pressão**	plants - **plantas** vase - **vaso de flores** planter, plant pot - **vaso de planta**
pans - **panelas**	flowers - **flores**
frying pan - **frigideira**	pictures, wall frames - **quadros**
chairs - **cadeiras**	table picture frame - **porta-retrato**
table - **mesa**	decorative pillows - **almofadas**
bowl - **tigela**	carpet - **carpete**
silverware - **talheres** fork - **garfo**, spoon - **colher**, knife - **faca**	curtains - **cortinas**
plates - **pratos**	fireplace - **lareira**
glasses - **copos**	blinds - **persianas**
dish rack - **escorredor de pratos**	
kitchen towel - **toalha de cozinha**	
juice pitcher - **jarra de suco**	
toaster - **torradeira**	
dishwasher - **lava-louça**	
garbage can - **lixeira**	
trash bag - **saco de lixo**	
pantry - **despensa**	
LAUNDRY ROOM - LAVANDERIA, ÁREA DE SERVIÇO	
washing machine - **máquina de lavar roupas / lavadora**	
dryer - **secadora**	

Tudo bem? Vamos aprender Português!

Aluno(a): _____

UNIT 5 - UNIDADE 5   Lesson 2 - Lição 2

TEXT - TEXTO

A casa de Davi

O Davi tem 16 anos e mora com os pais e seus 3 irmãos numa casa bem grande e confortável em Curitiba, Paraná. A casa tem 6 quartos, sendo todos suítes, 2 salas, copa, cozinha e dependência de empregada.
A sala de estar é bem ampla e tem até uma lareira. Do lado de fora, há um jardim enorme, uma casa de caseiro, piscina, sauna, churrasqueira, quadra de tênis, salão de jogos e um canil.
Quase todo fim de semana, ele reúne os amigos para um churrasco.

> **suíte** - room with private bathroom
> **copa** - area in the kitchen where you have your meals; breakfast nook
> **dependência de empregada** - extra room inside your home for the servant
> **ampla** - large, spacious
> **lareira** - fireplace
> **do lado de fora** - outside
> **casa de caseiro** - the caretaker's house
> **piscina** - swimming pool
> **churrasqueira** - barbecue area
> **quadra de tênis** - tennis court
> **salão de jogos** - playroom
> **canil** - dog kennel
> **churrasco** - barbecue

Compreensão de texto

Answer the questions:
Responda:

a- Quantas pessoas moram na casa de Davi? _____

b- Onde fica a casa dele? _____

c- A casa dele tem lareira? _____

d- Onde fica o salão de jogos? _____

e- O que o Davi faz quase todo fim de semana? _____

f- Quantas suítes tem na casa dele? _____

EXERCÍCIOS

1- Match the rooms with the activities you usually do there:
   Ligue os cômodos da casa às atividades correspondentes:

   1. comer
   2. estacionar o carro
   3. dormir
   4. fazer o almoço
   5. tomar banho
   6. assistir TV
   7. ler/estudar

   a) quarto
   b) sala
   c) cozinha
   d) garagem
   e) banheiro
   f) varanda

- Now write a sentence about what you do in each room:
- Agora escreva uma frase dizendo o que você faz em cada cômodo da casa.

   Exemplo: Eu almoço na sala, vendo TV. / Eu almoço na cozinha.

   a- _____
   b- _____
   c- _____
   d- _____
   e- _____
   f- _____

2- Answer the questions:
   Responda:

a- Onde você geralmente faz as suas refeições? (eat your meals)
_____

b- Onde você gosta de ler um bom livro? (book)
_____

c- Que tipo de eletrodomésticos você tem na sua cozinha? (appliances)
_____
_____

d- Quantos quartos tem na sua casa? (bedrooms)
_____

e- Com quem você mora?
_____

f- Qual é a parte da sua casa que você mais gosta de ficar? Por que? (like to stay)
_____

g- Você prefere casa ou apartamento? Por que?
_____

h- Descreva o seu quarto:
_____
_____
_____
_____

i- Você tem animais em casa? Onde eles dormem? (sleep)
_____

j- Você geralmente passa o Natal com a sua familia em casa ou vai para outro lugar? (spend Christmas)
_____

k- A sua casa é própria ou alugada? (rented)
_____

l- Se você tivesse muito dinheiro para comprar uma nova casa ou apartamento, onde compraria? Por que? (If you had a lot of money)
_____

3- Write sentences using the words below:
   Faça frases usando as palavras abaixo

a- despensa _____
b- liquidificador _____
c- escorredor de pratos _____
d- travesseiro _____
e- canil _____

4- What's this?
   O que é isso?

_____

_____

_____

_____

_____

Let's practice! - Vamos praticar!

Diálogo:

Ana Luísa: Oi, João! Como vão as coisas?
João: Tudo beleza. E vc, tá gostando das aulas desse semestre?
Ana Luísa: Tô gostando muito. Tenho estudado bastante. Termino ano que vem. Vou fazer pós-graduação no Rio.
João: A Bárbara tá na sua turma também?
Ana Luísa: Não. Ela estuda de manhã. Ela tá trabalhando na loja do pai dela à tarde.
João: Ah tá. Eu tô indo lá na cantina fazer um lanche agora. Vamos? Cê tá livre?
Ana Luísa: Tô. Ótima ideia! Tô morrendo de fome!

Miguel: Oi, tudo bem? Você malha aqui todo dia?
Carolina: Oi! Venho 3 vezes por semana. E vc?
Miguel: Malho todo dia. Nunca te vi aqui. Você é nova?
Carolina: Venho mais no horário da noite. Hoje decidi vir de manhã.
Miguel: Eu sou Miguel. Prazer!
Carolina: Carolina. Prazer! Vc é daqui?
Miguel: Sou de São Paulo. Tô morando aqui há 8 meses. Adoro o Rio! E vc? É daqui?
Carolina: Sou. Moro aqui perto. Vc mora por aqui também?
Miguel: Moro. Comecei a trabalhar num escritório de advocacia em Ipanema. Você trabalha?
Carolina: Estou fazendo estágio num escritório de marketing. Termino a faculdade esse ano.
Miguel: Que ótimo!
      Vou no show do Coldplay nesse sábado. Vc gosta deles?
Carolina: Nossa! Adoro!
Miguel: Tenho dois ingressos. Vc quer ir comigo?
Carolina: Jura? Uau! Claro que sim!
Miguel: Me dá seu telefone e te ligo mais tarde pra combinarmos.
Carolina: Tá. 2227-2630.
Miguel: Valeu!

Vocabulário:

aulas - classes
bastante - a lot
pós-graduação - master's
turma - class
loja - store
cantina - cafeteria
malhar - to work out

por aqui - nearby
escritório de advocacia - law firm
estágio - internship
Que ótimo! - That's great!
Nossa! - indicates surprise (Wow!)
ingressos - tickets
Jura? - Really?

Claro que sim! - Of course! /Sure!
ligar (para) - to call
combinar - to make plans (date, time, place)
Valeu! (slang) - Thanks!

UNIT 5 - UNIDADE 5   Lesson 3 - Lição 3

THE HUMAN BODY - O CORPO HUMANO

head - **cabeça**
hair - **cabelo**
forehead - **testa**
eyebrow - **sobrancelha**
eye - **olho**
eyelashes - **cílios**
ear - **orelha**
nose - **nariz**
cheek - **bochecha**
mouth - **boca**
lips - **lábios**
tongue - **língua**
teeth - **dentes**
chin - **queixo**
neck - **pescoço**
shoulder - **ombro**
back - **costas**
chest - **peito**
breasts - **seios**
arm - **braço**
elbow - **cotovelo**
wrist - **pulso**
hand - **mão**
finger - **dedo**
waist - **cintura**
belly - **barriga**
belly button - **umbigo**
hip - **quadril**
buttocks, butt - **nádegas, bunda, bumbum**
leg - **perna**
thigh - **coxa**
knee - **joelho**
shin - **canela**
ankle - **tornozelo**
foot - **pé**
toe - **dedo do pé**

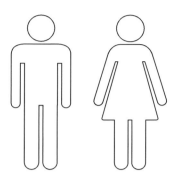

Os cinco sentidos - The five senses

visão - sight
audição - hearing
olfato - smell
tato - touch
paladar - taste

Verbos:

ver - to see
ouvir - to hear
cheirar, sentir o cheiro - to smell
tocar - to touch
sentir o gosto - to taste

dor - pain, ache
dor de cabeça - headache
dor de estômago - stomachache
dor nas costas - back pain
dor de dente - toothache

-Write the correct parts of the body:
   Escreva as partes do corpo:

THE FACE - O ROSTO

hair _____
cheeks _____
eyebrows _____
nose _____
eyes _____
forehead _____
eyelashes _____
teeth _____
chin _____

THE BODY - O CORPO

shoulder _____
arm _____
elbow _____
wrist _____
belly _____
belly button _____
legs _____
thigh _____
feet _____
waist _____
hip _____
ankle _____

UNIT 5 - UNIDADE 5   Lesson 4 - Lição 4

SIMPLE FUTURE TENSE - FUTURO DO PRESENTE DO INDICATIVO

- The future tense is expressed using the infinitive of the verb + the right termination, as shown in the table below.
- **O futuro do presente do indicativo é formado usando o <u>verbo no infinitivo</u>, seguido da terminação adequada.**

*tomorrow - **amanhã**
*the day after tomorrow - **depois de amanhã**
*on the following day - **no dia seguinte**
*tonight - **hoje à noite**
*in 2 months - **daqui a dois meses.**
*next Monday - **na segunda que vem, na próxima segunda-feira**
*next week, next month, next year - **semana que vem, mês que vem, ano que vem**

Exemplos:

	VIAJAR - TRAVEL	**VENDER** - SELL	**SAIR** - LEAVE
Eu	viajar**ei**	vender**ei**	sair**ei**
Você	viajar**á**	vender**á**	sair**á**
Ele/Ela	viajar**á**	vender**á**	sair**á**
Nós	viajar**emos**	vender**emos**	sair**emos**
Vocês	viajar**ão**	vender**ão**	sair**ão**
Eles/Elas	viajar**ão**	vender**ão**	sair**ão**

- Eu **viajarei** para o México no próximo sábado. - I'll travel to Mexico next Saturday.
- Eles **não venderão** mais a casa. - They won't sell the house anymore.
- Ela **sairá** do trabalho às 5h da tarde amanhã. - She'll leave work at 5pm tomorrow.

Alguns verbos irregulares:

	FAZER - DO/MAKE	**TRAZER** - BRING	**DIZER** - SAY/TELL
Eu	far**ei**	trar**ei**	dir**ei**
Você/Ele/Ela	far**á**	trar**á**	dir**á**
Nós	far**emos**	trar**emos**	dir**emos**
Vocês/Eles/Elas	far**ão**	trar**ão**	dir**ão**

- A Daniela **fará** o pudim para o jantar. - Daniela will make the flan for dinner.
- O que vocês **trarão** para a festa no sábado? - What will you bring to the party on Saturday?
- Eu sempre **direi** a verdade, doa a quem doer. - I'll always tell the truth, no matter what.

Observação:

The future tense is expressed in speech and informal writing using the present tense of the verb "ir" (to go) followed by the infinitive.
Na linguagem informal (principalmente no português falado), o futuro do presente pode ser formado pelo verbo IR no presente e o infinitivo do verbo principal.

	IR - GO
Eu	vou
Você/Ele/Ela	vai
Nós	vamos
Vocês/Eles/Elas	vão

IR + VERBO NO INFINITIVO

Exemplos:

- Amanhã, **vou viajar** logo que o sol nascer. - Tomorrow, I'll travel as soon as the sun rises.
- Eles **não vão chegar** a tempo para o jantar. Vamos comer sozinhos. - They won't get home in time for dinner. We'll eat without them.
- Nós **vamos alugar** uma casa de praia para passar o verão ano que vem. - We'll rent a beach house to spend our summer next year.

Exceção:
Com o próprio verbo IR, usa-se simplesmente o presente do indicativo para indicar também o futuro.

Observe:

- Ela **vai** (She goes) à academia todos os dias. (presente, hábito) - She goes to the gym every day.
- Ela **vai** (She will go) à academia amanhã. (futuro) - She'll go to the gym tomorrow.

Let's practice! - Vamos praticar!

- O que você vai fazer amanhã à noite?
- A que horas você vai sair de casa amanhã?
- Para onde você vai na sua próxima viagem?
- Como estará o tempo amanhã na sua cidade?
- A que horas você vai dormir hoje?
- Quem vai preparar o seu jantar hoje?
- O que você vai fazer nas suas férias?

Tudo bem? Vamos aprender Português!

Aluno(a): _____

UNIT 5 - UNIDADE 5   **Lesson 4 - Lição 4**

EXERCÍCIOS

1- Use the correct form of the verbs in the future:
   Coloque os verbos no futuro: (ei, á, emos, ão)

a- Amanhã _____ (ser) um dia perfeito para ir à praia. Já tenho (I already have) todos os planos da minha rotina prontos. Primeiro _____ (tomar) um café da manhã reforçado (hearty) e _____ (sair) de casa às 7h. _____ (correr) por 50 minutos de Ipanema a Copacabana e _____ (comprar) uma água de coco para hidratar. Em Copacabana, _____ (falar) com o meu instrutor de surf, _____ (fazer) uma hora de aula e depois _____ (voltar) ao meu apartamento. _____ (arrumar) (to tidy up) todo o apartamento e _____ (fazer) um delicioso almoço. _____ (tomar) um bom banho e _____ (relaxar) ouvindo uma boa música brasileira. Tenho certeza (I'm sure) que _____ (ter) um ótimo fim de semana pela frente. (ahead of me)

b- Os meus pais _____ (ir) passar as férias de julho na Europa. A minha irmã e eu _____ (ir) para o México.

c- Todos _____ (aguardar) (to wait) ansiosos o início do show.

d- O Marcos _____ (chegar) 10 minutos atrasado (late) para a aula hoje.

e- Nós _____ (encontrar) (to meet) vocês na esquina (on the corner) da rua São Sebastião às 7h30 da noite e _____ (seguir =to head to) para o restaurante juntos.

f- Se ela entrar na sala em silêncio, ninguém _____ (perceber). (to notice)

g- Eu _____ (dar) o recado (message) ao Sr. Monteiro assim que (as soon as) ele chegar no escritório.

h- Eles _____ (colocar) (to put) a árvore de Natal (Christmas tree) na sala de estar (living room) e a _____ (enfeitar =to decorate) somente com bolas vermelhas e prateadas.

i- Eu _____ (comer) uma salada grega (Greek salad) de entrada (as an appetizer) e meu amigo _____ (tomar) a sopa de cebola. (onion soup)

2- Complete the dialogues using the future tense:
   Complete os diálogos com os verbos no futuro:

a- Qual é a previsão do tempo (weather forecast) para amanhã?
Segundo a (According to) meteorologia, amanhã _____ (chover) muito durante as primeiras horas do dia; _____ (ventar) muito à tarde e a temperatura _____ (cair) (to drop). Depois de amanhã (The day after tomorrow), o dia _____ (estar) ensolarado e a temperatura _____ (subir) (to go up, rise). A temperatura _____ (oscilar) (to vary) entre 15 e 22 graus.

b- O que você _____ (fazer) neste feriadão? (long holiday)?

Eu _____ (ir) visitar meus pais. Eles _____ (fazer) bodas de prata (25th anniversary) neste fim de semana. Nós _____ (ter) uma pequena reunião familiar. (family reunion)

Ah, que bom! Eu _____ (telefonar) para eles para dar os parabéns! (to congratulate) Você poderia levar-lhes um presente da minha parte?

Claro que _____ (levar)! Os meus pais _____ (ficar) muito felizes com a sua gentileza. (kindness)

c- **Chefe:** Sandra, você pode me informar a agenda para a visita dos empresários espanhóis?

Sandra: Pois não! Às 9h, nós _____ (ir) ao aeroporto e _____ (dar) as boas-vindas (to welcome) aos empresários que _____ (estar) chegando no voo da American Airlines. Em seguida (right after), o chofer (driver) os _____ (levar) para o hotel onde eles _____ (ficar) hospedados. Eles _____ (descansar) (to rest) até as duas da tarde. Depois, o chofer os _____ (trazer) para a empresa, onde todos se_____ (reunir) com os membros da diretoria (board members). O Luís Carlos _____ (fazer) a apresentação do projeto da empresa e o presidente_____ (dizer) algumas palavras em nome dos acionistas (company shareholders) que não estiverem presentes. _____ (haver) uma pequena pausa de dez minutos (10-minute break) para um café.

Chefe: Bem, e o que _____ (acontecer) (to happen) depois da reunião?

Sandra: Eu suponho (I suppose) que a reunião _____ (terminar) (to finish) por volta das 5h da tarde. Os empresários _____ (retornar) ao hotel e, mais tarde, o chofer _____ (ir) buscá-los (to pick them up) e os _____ (levar) para o jantar que está marcado para as 9h da noite no restaurante Sendai. Os diretores já ─────── (estar) aguardando (waiting) no restaurante. Todos _____ (chegar) mais ou menos às 8h30 da noite.

No dia seguinte (On the following day), os empresários _____ (fazer) um passeio turístico (to take a tour/ go on a tour) e eu os _____ (acompanhar). À noite, eles _____ (embarcar) para Salvador, onde _____ (visitar) as instalações do projeto e _____ (ficar) até quinta-feira. De lá (From there), eles _____ (partir) (to leave) para a Espanha.

Chefe: Perfeito! Vejo que todos os arranjos (arrangements) foram realizados adequadamente (adequately). Bom trabalho! (Good job!) Creio (I believe) que o novo projeto _____ (ser) um sucesso.

3- Answer the questions:
   Responda:

a- Onde você passará o Reveillón/Ano Novo (New Year's Eve) esse ano?
_____

b- A que horas você chegará no trabalho amanhã?
_____

c- Quando será a sua próxima aula de português?
_____

d- Para onde você viajará nas suas próximas férias?

e- Na sua opinião, como a violência será controlada nas grandes cidades?

f- O que você provavelmente vai fazer no seu aniversário?

g- A que horas você vai almoçar amanhã?

h- Quando você vai comprar uma roupa nova?

i- Quem você convidará para a sua festa de aniversário?

j- Quantos anos você fará no ano que vem?

k- O que você vai fazer no fim de semana?

4- Write an email to a friend telling him what you are going to do on your summer vacation.
Escreva um email pro seu amigo contando o que vai fazer nas férias de verão.

5- A friend of yours is going to have a party on Saturday and asked you for some help with the arrangements. You need some information about it. How would you ask the questions?

Uma amiga sua vai fazer uma festa no sábado e te pediu para ajudá-la com os preparativos. Você precisa de algumas informações. Como você perguntaria em português?

Ask her:

a- how many people are coming.
b- what time the party will start.
c- if the party will take place inside or outside (at the pool area).
d- what kind of drinks she will serve.
e- if the guests are going to bring something.
f- if she is going to buy all the food.
g- if there will be kids in the party.
h- what kind of foods she will serve.
i- how much she will be able to spend.
j- if she is inviting her Brazilian friends.
k- if she will have good speakers/surround sound/boombox. (=caixa de som)
l- what kind of music she will play.

m- what kind of appetizers she will serve.
n- what kind of dessert she will make or buy.
o- if she will call or send them an email.

a- _____?
b- _____?
c- _____?
d- _____?
e- _____?
f- _____?
g- _____?
h- _____?
i- _____?
j- _____?
k- _____?
l- _____?
m- _____?
n- _____?
o- _____?

Let's practice! - Vamos praticar!

Como será a próxima semana da Amanda?

HORA	SEGUNDA	TERÇA	QUARTA	QUINTA	SEXTA	SÁBADO	DOMINGO
7:30	academia	crossfit	academia	crossfit		yoga na praia	
9:30	café da manhã com Lia	conferência no zoom	levar o cachorro ao veterinário		viagem a Búzios	café da manhã com amigos	passeio de barco
15:00	reunião sobre os projetos	ligar pro banco	reunião com funcionários		check-in no hotel		
17:30	consulta com a nutricionista	manicure	reservar o hotel	salão			pegar estrada pra casa
19:00	jogar tênis			deixar o cachorro com Sarah		'esquenta' na casa do Márcio	
20:00		cinema	jantar no Outback	fazer as malas	jantar fora		buscar o cachorro
22:00	dormir cedo				balada	balada	

"No risk no gain" / "Quem não arrisca, não petisca".

UNIT 6 - UNIDADE 6

VERB TO BE - SIMPLE PAST
Verbo SER/ESTAR no passado

SIMPLE PAST TENSE
Pretérito Perfeito e Imperfeito do Indicativo

TEXT
Texto: Datas especiais e suas comemorações no Brasil

UNIT 6 - UNIDADE 6   Lesson 1 - Lição 1

PAST TENSE - PASSADO (Pretérito Imperfeito do Indicativo)

<u>VERB TO BE</u> - Imperfect Indicative
<u>VERBO SER</u> - Pretérito Imperfeito

- Usado em ações contínuas no passado. (used as an habitual action in the past)
- Usado ao contar histórias infantis (used when telling stories)

Pronome pessoal	Presente	Passado (imperfeito)
Eu	sou	**era**
Você / Ele / Ela	é	**era**
Nós	somos	**éramos**
Vocês / Eles / Elas	são	**eram**

Exemplos:

- Eu **era** uma criança tímida. (I was a shy child.)
- Ele **era** um homem bom. (He was a good man.)
- Nós **éramos** felizes. (We were happy.)
- O avô dela **era** muito rico. (Her grandfather was very rich.)
- Pedro e Rafael **eram** os meus melhores amigos na escola. (Pedro and Rafael were my best friends at school.)
- **Era** uma vez… (Once upon a time…)

<u>VERBO ESTAR</u> - Pretérito Imperfeito

Pronome pessoal	Presente	Passado (imperfeito)
Eu	estou	**estava**
Você / Ele / Ela	está	**estava**
Nós	estamos	**estávamos**
Vocês / Eles / Elas	estão	**estavam**

- A festa **estava** boa. (The party was good.)
- A Brenda **não estava** em casa ontem à noite. (Brenda was not home last night.)
- Eles **não estavam** se sentindo bem ontem. (They were not feeling well yesterday.)
- Nós **estávamos** ocupados quando você ligou. (We were busy when you called.)

Let's practice! - Vamos praticar!

SER

a- **Você era um bom aluno na escola?** (Were you a good student at school?)
b- **Quem era o mais bagunceiro da sala de aula?** (Who was the troublemaker/class clown of the class?)
c- **Os seus professores eram legais ou chatos?** (Were your teachers nice or boring/annoying?)
d- **Quem era o professor mais legal?** (Who was the nicest teacher?)
e- **Quem era o amigo mais louco?** (Who was the craziest friend?)
f- **Qual era a sua matéria favorita?** (What was your favorite subject?)
g- **Qual era a matéria que você tinha mais dificuldade?** (Which subject was more difficult for you?)
h- **Os seus pais eram rígidos com você?** (Were your parents strict?)
i- **Como era a sua casa na infância? Grande ou pequena?** (What was your house like in your childhood?)
j- **Os seus vizinhos eram legais?** (Were your neighbors nice?)
k- **Qual era o melhor lugar pra ir naquela época?** (What was the best place to go to at that time?)
m- **A sua escola era/ficava perto da sua casa?** (Was your school close to your house?)
n- **Quem era o seu cantor favorito?** (Who was your favorite singer?)
o- **Você era tímido ou falante?** (Were you shy or talkative?)
p- **A sua escola era pública ou particular?** (Was your school public or private?)
q- **Você era uma criança obediente?** (Were you an obedient child?)
r- **Como era a sua vida na infância?** (How was your life in your childhood?)
s- **Você acha que a vida era mais fácil ou mais difícil antigamente?** (Do you think life was easier or more difficult in the past?)
t- **O seu pai / A sua mãe era autoritário/a?** (Was your father/mother authoritarian?)

ESTAR

a- **Onde você estava as 10h da noite ontem?** (Where were you at 10pm last night?)
b- **Quem estava com você no seu último aniversário?** (Who was with you on your last birthday?)
c- **Onde você e seus familiares estavam no Natal do ano retrasado?** (Where were you and your family on Christmas the year before last?
d- **Você estava em casa ou na rua no sábado passado?** (Were you home or out last Saturday?)
e- **Como estava o tempo ontem?** (How was the weather yesterday?)
f- **Me diz um momento em que você estava/ficou muito feliz.** (Tell me a time in your life when you were very happy.)
g- **Quem estava na sua formatura?** (Who was at your graduation?)
h- **Os seus amigos estavam com você no sábado passado?** (Were your friends with you last Saturday?)
i- **A sua vida financeira estava boa no ano passado?** (Was your financial life good last year?)
j- **O seu almoço estava bom ontem?** (Was your lunch good yesterday?)
k- **O que você estava fazendo as 3h da tarde ontem?** (What were you doing at 3pm yesterday?)
l- **Onde você estava morando em 2016?** (Where were you living in 2016?)

Tudo bem? Vamos aprender Português!

Aluno(a): _____

UNIT 6 - UNIDADE 6   Lesson 1 - Lição 1

1- Fill in the blanks using the verb TO BE in its imperfect form:
   - Complete com a forma correta do verbo SER/ESTAR no pretérito imperfeito:

a- Onde vocês _____ ontem à tarde?
   Nós _____ no cinema.
b- A Sofia _____ a melhor aluna da sala e o Bernardo _____ o mais bagunceiro.
c- Quem _____ a sua professora de matemática?
d- A pizza _____ muito boa, mas o macarrão _____ horrível. (horrible)
e- Eu _____ a mais jovem do grupo.
f- Ele _____ muito ciumento. (jealous)
g- A festa de casamento _____ lotada. (full of people). Os noivos (bride and groom)_____ muito felizes e a comida também _____ ótima.
h- Você _____ um bom aluno?
i- Nós _____ sempre atrasados (late) para a aula.
j- Eu _____ com muita dor de cabeça (headache) ontem.
k- _____ muito frio em Nova Iorque ontem.

2- Translate the sentences:
   Traduza as frases:

a- He wasn't at work yesterday afternoon.
_____

b- Were you at church last Sunday?
_____

c- They weren't at the party yesterday.
_____

d- I was very sleepy. The movie was boring.
_____

e- The kids were hungry but we weren't.
_____

f- He was late for work this morning.
_____

g- The weather was great yesterday!
_____

h- Who were you with yesterday morning?
_____

i- Was he home last night?
_____

j- Were they happy with the surprise party?
_____

3- Rose was very busy yesterday. Let's talk about the picture.
    Rose estava muito ocupada ontem. Vamos falar sobre a figura.

1- **Onde ela estava?** (Where was she?)
2- **Que horas eram?** (What time was it?)
3- **Ela estava atrasada?** (Was she late?)
4- **Com quem ela estava falando? Sobre o que estavam falando?** (Who was she talking to? What were they talking about?)
5- **Ela estava preocupada com alguma coisa?** (Was she worried about something?)
6- **O que estava em cima da mesa / do balcão?** (What was on the table / on the counter?)
7- **O que ela estava bebendo?** (What was she drinking?)
8- **Que música estava tocando?** (What song/kind of music was playing?)
9- **O que ela estava vendo no computador?** (What was on her computer screen?)
10- **O que estava no prato? E dentro do copo?** (What was on the plate? And in the glass?)
11- **Ela estava bem vestida? O que estava usando?** (Was she well dressed? What was she wearing?)

PAST TENSE - PASSADO (Pretérito Perfeito do Indicativo)

VERB TO BE - Preterite Indicative
VERBO SER - Pretérito Perfeito do Indicativo

Pronome pessoal	Presente	Passado (pretérito perfeito)
Eu	sou	**fui**
Você / Ele / Ela	é	**foi**
Nós	somos	**fomos**
Vocês / Eles / Elas	são	**foram**

- **usado em algum acontecimento ou ação já terminada.** (used for an event or accomplished action)

 - O meu vestido de casamento **foi** muito caro. (My wedding dress was very expensive.)
 - Nós **fomos** felizes no nosso casamento. (We were happy in our marriage.)
 - Neil Armstrong **foi** o primeiro homem a pisar na lua. (Neil Armstrong was the first man to walk on the Moon.)
 - Os Beatles **foram** uma das melhores bandas de rock do mundo. (The Beatles were one of the best rock bands in the world.)
 - A festa **foi** ótima! Dancei muito! (The party was great! I danced a lot!)

- **também usado com adjetivos que exprimem qualidades.** (also used with adjectives that denote human qualities when the meaning is 'behave in a… way')

- Ele **foi** muito gentil comigo ontem à noite. (He was very kind to me last night.)
- Eu **fui** sincera com ele. (I was honest with him.)

- **usado com o pretérito perfeito composto do indicativo** (used with the Present Perfect)

- Ele sempre **foi** magro. (He's always been thin.)
- Ela sempre **foi** a mais inteligente da escola. (She's always been the most intelligent in school.)
- Ele sempre **foi** o meu melhor amigo. (He's always been my best friend.)

VERBO ESTAR - Pretérito Perfeito do Indicativo

Pronome pessoal	Presente	Passado (pretérito perfeito)
Eu	estou	**estive**
Você / Ele / Ela	está	**esteve**
Nós	estamos	**estivemos**
Vocês / Eles / Elas	estão	**estiveram**

- usado quando se refere a ter estado em algum lugar ou com alguém (used to refer to an instance of being in a place at a time in the past.)

- **Estive** no mercado duas vezes hoje. (I've been to the market twice today.)
- Você já **esteve** em Portugal? (Have you ever been to Portugal?)
- **Estivemos** com a Paula na galeria de arte ontem. (We saw = We were with) Paula at the art gallery yesterday.)

Let's practice! - Vamos praticar!

SER

a- **Quem foi o melhor presidente do seu país até hoje?** (Who has been the best president in your country so far?)
b- **Quem foi o seu melhor amigo na infância?** (Who was your best friend in your childhood?)
c- **Os seus avós maternos foram casados por muito tempo?** (Were your maternal grandparents married for a long time?)
d- **Você já teve algum amigo que foi desleal com você?** (Have you had any disloyal friends?)
e- **O seu último aniversário foi divertido?** (Was your last birthday fun?)
f- **E as suas últimas férias?** (How about your last vacation?)
g- **Você foi uma criança espoleta/arteira?** (Were you a mischievous/naughty child?)
h- **Quem foi muito importante na sua criação?** (Who was very important in your upbringing?)
i- **O seu pai foi um homem presente na sua criação?** (Was your father present in your upbringing?)
j- **Qual foi um dos dias mais importantes da sua vida?** (What was one of the most important days of your life?)
k- **E um dos mais felizes?** (And one of the happiest?)
l- **Quais foram as férias mais legais que você já teve.** (What is the best vacation you've ever had?)
m- **Quem sempre foi o seu amigo/a sua amiga mais alto astral?** (Who has always been your most cheerful friend?)
n- **Quem foi o seu/a sua primeiro/a namorado/a?** (Who was your first boyfriend/girlfriend?)
o- **Qual foi a última cidade que você visitou?** (What was the last city you visited?)

ESTAR

a- **Quando foi a última vez que você esteve com a sua mãe?** (When was the last time you saw your mom?)
b- **Onde você e seus amigos estiveram na última vez que saíram juntos?** (Where were you and your friends the last time you went out together?)
c- **Você já esteve no Brasil?** (Have you ever been to Brazil?)
d- **Em quais países da América do Sul você já esteve?** (What countries have you been to in South America?)
e- **E da Europa?** (And in Europe?)
f- **Você esteve no mercado essa semana?** (Have you been to the market this week?)
g- **Você já esteve no Carnaval do Brasil?** (Have you been to Carnival in Brazil?)
h- **Me diz uma pessoa que sempre esteve presente na sua vida.** (Tell me a person who has always been present in your life.)
i- **Você já esteve internado/a no hospital?** (Have you ever been admitted to a hospital?)
j- **Você já esteve envolvido/a em algum acidente de carro?** (Have you ever been involved in a car accident?)
k- **Você já esteve numa situação constrangedora?** (Have you ever been in an embarrassing situation?)
l- **Você já esteve num cruzeiro? Quando?** (Have you ever been on a cruise? When?)

Tudo bem? Vamos aprender Português!

Aluno(a): _____

UNIT 6 - UNIDADE 6   Lesson 1 - Lição 1

1- Fill in the blanks using the verb TO BE in its preterite indicative form:
  - Complete com a forma correta do verbo SER/ESTAR no pretérito perfeito do indicativo:

a- Como _____ o show ontem? _____ ótimo!
b- Eu _____ ingênua (naive) ao acreditar nele.
c- Nós _____ os últimos a chegar na reunião. (meeting)
d- Eles _____ em Miami no verão passado.
e- Frank Sinatra _____ um dos cantores mais famosos do século XX.
f- Sara já _____ na Suíça algumas vezes. Ela tem parentes (relatives) lá.
g- Você _____ com o diretor ontem? Sim, _____.
h- Ela _____ muito legal comigo. Me deu um desconto de 30%.
i- Quem abriu a porta pra você? _____ o Felipe.
j- Juliana sempre _____ a mais inteligente da turma.

2- Translate the sentences:
   Traduza as frases:

a- We were the best in the competition.
_____

b- He was a great soccer player.
_____

c- We were with (saw) Luciana at the movies last night.
_____

d- Have you been with Maurício lately?
_____

e- He was rude with the guests.
_____

f- The movie was boring.
_____

g- They were married for 10 years.
_____

h- Pelé was the most famous soccer player in the 70s.
_____

i- Who was the best basketball player in the 80s?
_____

j- Smith & Wollensky has always been my favorite restaurant in town.
_____

k- Mark has always been very conservative.
_____

3- Link the sentences to the correct answers:
   Ligue as frases às respostas certas:

a- Onde você esteve no sábado passado?
b- Quem esteve presente na reunião?
c- Qual foi a última cidade que você visitou?
d- Qual foi o filme que você assistiu?
e- Qual foi o desconto dado na compra?
f- Quem foi o descobridor do Brasil?
g- Quem foi o inventor da lâmpada?
h- Quantas pessoas estiveram na clínica ontem?
i- Em que país você esteve no ano passado?
j- Que time de futebol americano foi o vencedor do Super Bowl 2019?
k- Quem foi o inventor do telefone?

_____ No Chile.
_____ Pedro Álvares Cabral.
_____ 23.
_____ No show da Lady Gaga.
_____ Os Patriots.
_____ Alexander Graham Bell.
_____ Key West.
_____ 20%.
_____ Thomas Edison.

_____ O Rei Leão.
_____ Todos os gerentes da empresa.

4- Let's talk about the pictures:
   Vamos falar sobre as figuras:

UNIT 6 - UNIDADE 6   Lesson 2 - Lição 2

SIMPLE PAST TENSE - PRETÉRITO PERFEITO DO INDICATIVO (Passado Simples)

Pretérito Perfeito (simples) - Expressa um fato ocorrido num momento anterior ao atual e que foi totalmente terminado.
- Actions in the past which lasted a certain period of time but came to an end. (non-habitual action)
Exemplo:

yesterday - **ontem**
this morning - **hoje de manhã**
yesterday morning/afternoon/night - **ontem de manhã / ontem à tarde / ontem à noite**
two days ago - **dois dias atrás**
the day before yesterday - **anteontem**
last night - **ontem à noite**
last week, last month - **semana passada, mês passado**

Pretérito Perfeito do Indicativo

Regular Verbs - Verbos regulares (terminados em -**ar**, -**er**, -**ir**)

PRONOME PESSOAL	VERBO -**AR**	VERBO -**ER**	VERBO -**IR**
	FALAR - SPEAK	**COMER** - EAT	**ASSISTIR** - WATCH
EU	fal**ei**	com**i**	assist**i**
VOCÊ	fal**ou**	com**eu**	assist**iu**
ELE/ELA	fal**ou**	com**eu**	assist**iu**
NÓS	fal**amos**	com**emos**	assist**imos**
VOCÊS	fal**aram**	com**eram**	assist**iram**
ELES/ELAS	fal**aram**	com**eram**	assist**iram**

- Nós **falamos** sobre o problema ontem. (We talked about the problem yesterday.)
- Eu **comi** a pizza toda. (I ate all the pizza.)
- Você **assistiu** o jogo na TV ontem? (Did you watch the game on TV yesterday?)

Mais exemplos:

- Quantas caixas de cerveja você **comprou**? Eu **comprei** cinco caixas. (How many packs of beer did you buy? I bought 5.)
- Eles **comeram** o bolo inteiro que eu **fiz**. (They ate the whole cake that I made.)
- Ela **assistiu** todos os episódios da última temporada de Game of Thrones. (She watched all the episodes of the last season of Game of Thrones.)
- Ela **escolheu** o vestido mais caro da loja. (She chose the most expensive dress in the store.)
- Nós **esquecemos** de fechar a janela do quarto antes de viajarmos. (We forgot to close the bedroom window before we traveled.)

- Mais exemplos de verbos:

-AR	-ER	-IR
amar - love	**beber** - drink	**cumprir** - accomplish, carry out
andar - walk	**escolher** - choose	**decidir** - decide
comprar - buy	**entender** - understand	**desistir** - give up
cozinhar - cook	**correr** - run	**distribuir** - distribute
***dar** - give	**defender** - defend	**imprimir** - print
descansar - rest	**escrever** - write	**insistir** - insist
trabalhar - work	**resolver** - solve	**resistir** - resist
estudar - study	**responder** - answer	**sair** - go out/leave
acordar - wake up	***fazer** - make/do	**proibir** - prohibit
***jogar, tocar, brincar** - play	**ler** - read	**discutir** - discuss/argue
fechar - close	**viver** - live	**omitir** - omit
jantar - have dinner	**atender** - answer/assist	**abrir** - open
limpar - clean	**estabelecer** - establish	**partir** - leave
preparar - prepare	**depender** - depend	**rir** - laugh
viajar - travel	**desenvolver** - develop	**cair** - fall
***praticar** - practice	**devolver** - give back/return	**vestir-se** - get dressed
treinar - train	**ofender** - offend	**dirigir** - drive
dançar - dance	**perceber** - perceive/notice	**corrigir** - correct
nadar - swim	**pretender** - intend	**fingir** - pretend
almoçar - have lunch	**receber** - receive	**fugir** - run away
escovar - brush	**aparecer** - appear/show up	**agir** - act
pentear - comb	**vencer** - win	**reagir** - react
levantar - get up	**esquecer** - forget	**mentir** - lie
deitar - lie down	**surpreender** - surprise	**exigir** - demand
***colocar** - put	***trazer** - bring	**transferir** - transfer
***pagar** - pay	**vender** - sell	**dormir** - sleep
ajudar - help	**conhecer** - know	**repetir** - repeat
desejar - desire	***dizer** - say/ tell	**subir** - go up
tomar - take, drink	**reconhecer** - recognize	**preferir** - prefer

levar - take	**oferecer** - offer	**servir** - serve
***ligar/desligar** - turn on/off	**agradecer** - thank	**conseguir** - manage to do
mudar - change	**sofrer** - suffer	**competir** - compete
cortar - cut	**morrer** - die	**admitir** - admit/hire
lembrar - remember	**nascer** - be born	**demitir** - fire/dismiss
usar - wear/use	**ver** - see	**resumir** - summarize
visitar - visit	**chover** - rain	**reunir** - reunite/get together
arrumar - tidy up	**ferver** - boil	**transmitir** - transmit
esquentar - heat up	***ter** - have	**residir** - live/reside
suar - sweat	***poder** - to be able to / can	**ouvir** - listen / hear
compartilhar - share	**perder** - lose/miss	**pedir** - ask for, order
***ficar** - stay	***saber** - know	***vir** - come
escutar - hear/listen	**aprender** - learn	***ir** - go
precisar - need	**merecer** - deserve	**dividir, repartir** - share/divide
gastar - spend	***querer** - want	**sorrir** - smile
passear - stroll	**bater** - beat	**permitir** - allow

Changes in some verb conjugations:
Mudanças na conjugação de alguns verbos:

SUJEITO	**DAR** GIVE	**JOGAR** PLAY	**TOCAR** PLAY	**BRINCAR** PLAY	**PRATICAR** PRACTICE	**COLOCAR** PUT	**PAGAR** PAY	**LIGAR** TURN ON	**FICAR** STAY
EU	dei	joguei	toquei	brinquei	pratiquei	coloquei	paguei	liguei	fiquei
VOCÊ/ELE/ELA	deu	jogou	tocou	brincou	praticou	colocou	pagou	ligou	ficou
NÓS	demos	jogamos	tocamos	brincamos	praticamos	colocamos	pagamos	ligamos	ficamos
VOCÊS/ELES/ELAS	deram	jogaram	tocaram	brincaram	praticaram	colocaram	pagaram	ligaram	ficaram

Exemplos:
 - Eu **coloquei** a jaqueta no armário e as camisas na gaveta. (I put the jacket in the closet and the shirts in the drawer.)
 - Eles perderam o jogo ontem porque não **praticaram** o bastante. (They lost the game yesterday because they didn't practice enough.)
 - Onde você **colocou** o dinheiro que te **dei**? (Where did you put the money I gave you?)
 - Eu **paguei** a conta de luz hoje de manhã. (I paid the power bill this morning.)
 - Ele me **deu** $20 de gorjeta. (He gave me a $20 tip.)
 - Ele **tocou** violão e eu **brinquei** com as crianças. (He played the guitar and I played with the kids.)

SUJEITO	**FAZER** DO/MAKE	**TRAZER** BRING	**DIZER** TELL/SAY	**TER** HAVE	**PODER** BE ABLE TO	**SABER** KNOW	**QUERER** WANT	**VER** SEE
EU	fiz	trouxe	disse	tive	pude	soube	quis	vi
VOCÊ/ELE/ELA	fez	trouxe	disse	teve	pôde	soube	quis	viu
NÓS	fizemos	trouxemos	dissemos	tivemos	pudemos	soubemos	quisemos	vimos
VOCÊS/ELES/ELAS	fizeram	trouxeram	disseram	tiveram	puderam	souberam	quiseram	viram

Exemplos:

- Você **soube** o que aconteceu com o Fernando ontem? (Did you hear what happened to Fernando yesterday?)
- Eu **tive** que sair de casa bem cedo hoje. (I had to leave home very early today.)
- Você **trouxe** o remédio que te **pedi**? (Did you bring the medicine I asked you?)
- Ele não **quis** comer a macarronada. (He didn't want to eat the pasta.)
- Você **fez** o dever de casa? **Fiz**. (Did you do the homework? I did.)
- Ele me **disse** que a festa não foi boa. (He told me that the party wasn't good.)
- Eu não **pude** te ligar ontem porque estava trabalhando. (I couldn't call you yesterday because I was working.)

SUJEITO	**IR** - GO	**VIR** - COME
EU	fui	vim
VOCÊ/ELE/ELA	foi	veio
NÓS	fomos	viemos
VOCÊS/ELES/ELAS	foram	vieram

- Eu **fui** ao jogo do Miami Heat <u>ontem à noite</u>. (I went to the Heat game last night).
- Elas **foram** para casa de ônibus. (They went home by bus. / They took the bus home)

- Ele **veio** falar comigo sobre a cirurgia. (He came to talk to me about the surgery.)
- Você **veio** pra casa com a Júlia? Não, eu **vim** sozinha. (Did you come home with Julia? No, I came home alone.)

Verbos: presente e pretérito perfeito

- terminados em **AR**

Exemplos:

FICAR - STAY	Presente	Passado (pretérito perfeito)
EU	fico	fiquei
VOCÊ	fica	ficou
ELE/ELA	fica	ficou
NÓS	ficamos	ficamos
VOCÊS/ELES/ELAS	ficam	ficaram

- Ela **ficou** feliz com a declaração de amor. - She was happy with the declaration of love.
- Você **ficou** chateada com o seu chefe ontem? - Did you get upset with your boss yesterday? I did. **Fiquei**.

- terminados em **ER**

OFERECER - OFFER	Presente	Passado (pretérito perfeito)
EU	ofereço	ofereci
VOCÊ	oferece	ofereceu
ELE/ELA	oferece	ofereceu
NÓS	oferecemos	oferecemos
VOCÊS/ELES ELAS	oferecem	ofereceram

- Eu **ofereci** uma carona a ele. - I offered him a ride.
- Vocês **ofereceram** a eles alguma coisa para beber? - Did you offer them something to drink?

- terminados em **IR**

SAIR - LEAVE	Presente	Passado (pretérito perfeito)
EU	saio	saí
VOCÊ	sai	saiu
ELE/ELA	sai	saiu
NÓS	saímos	saímos
VOCÊS/ELES/ELAS	saem	saíram

- Ela **saiu** tarde do trabalho ontem. - She left work late yesterday.
- Você **saiu** no sábado? - Did you go out on Saturday?

- Let's practice! - Vamos praticar!

Exemplo:

- Você **lavou** o seu cabelo ontem? - Did you wash your hair yesterday?
  Sim, eu **lavei**. / Não, eu **não lavei**. Yes, I did. / No, I didn't.

- Você… - Did you…

1- **fez** a sua cama hoje? - make your bed today?
2- **acordou** cedo hoje? - wake up early today?
3- **dirigiu** para o trabalho hoje? - drive to work today?
4- **ouviu** música no carro ontem? - listen to music in your car yesterday?
5- **viveu** em outro país quando era criança? - live in another country when you were a child?
6- **conheceu** o seu marido/namorado, a sua esposa/namorada em Miami? - meet your husband/boyfriend/wife/girlfriend in Miami?
7- **trabalhou** no sábado passado? - work last Saturday?
8- **nasceu** nos anos 80? - Were you born in the 80s?
9- **gostou** do resultado das últimas eleições? - like the results of the last elections?
10- já **ouviu** a nova música da Taylor Swift? - Have you heard the new song from Taylor Swift?
11- **falou** com a sua mãe ontem? - talk to your mom yesterday?
12- **comeu** carne ontem? - eat red meat yesterday?
13- **chegou** cedo no trabalho hoje? - get to work early today?
14- **jogou** tênis no fim de semana passado? - play tennis last weekend?
15- **ligou** (telefonou) para alguém ontem? - call anybody yesterday?
16- **deu** 'bom dia' a alguém hoje? - say 'Good morning' to anybody today?
17- **foi** à igreja no domingo passado? - go to church last Sunday?
18- **assistiu** TV ontem à noite? - watch TV last night?
19- **comprou** muitos presentes no Natal passado? - buy many gifts last Christmas?
20- **ganhou** muitos presentes no Natal passado? - get many presents last Christmas?
21- **comprou** seu carro recentemente? - Have you bought your car recently?
22- **convidou** muitas pessoas para o seu casamento? / para o seu último aniversário? - invite many people to your wedding/last birthday?
23- **almoçou** em casa ontem? - have lunch at home yesterday?
24- me **viu** ontem? - see me yesterday?
25- **esteve** no mercado ontem? - go to the market yesterday?
26- se **casou** na igreja? - get married in the church?
27- **ficou** em casa no sábado à noite? - stay home last Saturday night?
28- **usou** o elevador hoje? - use the elevator today?
29- **andou** de metrô em Nova Iorque na última vez que esteve lá? - ride the subway the last time you were in NY?
30- **viajou** nas suas férias? - travel on your vacation?
31- **chorou** de emoção quando o seu filho/a sua filha nasceu? - cry when your son/daughter was born?
32- **estacionou** o seu carro na garagem? - park your car in the garage?
33- **veio** para casa de ônibus ontem? - take the bus home yesterday?
34- **bebeu** café com leite hoje de manhã? - drink coffee and milk this morning?
35- **teve** bons professores na Universidade? - have good professors at the University?
36- **dormiu** bem na noite passada? - sleep well last night?
37- **brincou** com o seu cachorro ontem? - play with your dog yesterday?
38- **tomou** banho ontem à noite? - take a shower last night?
39- **discutiu** com alguém recentemente? - Have you argued with somebody lately?
40- **estudou** Português anteontem? - study Portuguese the day before yesterday?
41- **foi** uma criança feliz? - Were you a happy child?
42- **teve** uma infância feliz? - have a happy childhood?
43- **fez** a barba hoje? (homens) / **fez** as unhas (mulheres) hoje? - shave/do your nails today?
44- já **ficou** em albergues? - Have you ever stayed in hostels?
45- **fez** faculdade? - go to college?

Tudo bem? Vamos aprender Português!

Aluno(a): _____

UNIT 6 - UNIDADE 6   <u>Lesson 2 - Lição 2</u>

<u>EXERCÍCIOS</u>

SIMPLE PAST - PRETÉRITO PERFEITO DO INDICATIVO

1- Fill in the blanks with the correct verbs in the past tense: (Preterit Indicative)
Complete com os verbos no <u>pretérito perfeito do indicativo</u>:

1- (comer) Nós _____ macarrão no almoço ontem.
2- (nascer) Ela _____ em dezembro.
3- (vender) Ele _____ tomates frescos na <u>feira</u> (farmer's market) no sábado passado.
4- (comer) A gente _____ batata frita com queijo hoje no almoço.
5- (beber) Nós _____ muita cerveja na festa.
6- (vender) Eu _____ o meu carro ontem.
7- (comer) Eu _____ pizza na semana passada.
8- (beber) Vocês _____ vinho português ou chileno?
9- (nascer) Elas _____ na Itália.
10- (decidir) Você _____ comer a sobremesa depois do jantar ou não?
11- (responder) Você já _____ o email de sua amiga?
12- (escrever) Ela _____ a carta de recomendação para você?
13- (aprender) Onde vocês _____ português?
14- (vender) Eles _____ a casa deles semana passada.
15- (vender) Você _____ o seu imóvel?
16- (responder) A senhora já _____ a pergunta?
17- (beber) Você _____ Coca-Cola e eu _____ guaraná.
18- (receber) Ontem, ele _____ o salário dele.
19- (responder) Segunda-feira passada, o Luís _____ o e-mail com a oferta de trabalho.
20- (perceber) Vocês _____ que a situação é delicada?
21- Eu (estar) _____ na academia ontem.
22- Anteontem, eu (ir) _____ ao circo com as crianças da escola.
23- Você (atender) _____ o telefone?
24- Às vezes, o José come muito, mas hoje não (comer) _____ nada.
25- O supermercado (abrir) _____ às 8h30 ontem.
26- Eu já (ter) _____ um carro preto.
27- O banco (fechar) _____ cedo.
28- A porta (abrir-se) _____.
29- Quem (cantar) _____ no coro da igreja?
30- Nós (encontrar) _____ as chaves no quarto.
31- Ela (ser) _____ amiga do Paulo por muitos anos. Hoje, não se falam mais.

32- Você já (estudar) _____ português antes? Quando?

33- Ontem, a Marília (ir) _____ ao banco cedo.

34- O filme (ser) _____ muito interessante.

35- Eu (ser) _____ a professora de português do Rogério.

36- Você (estudar) _____ em colégios particulares ou públicos?

37- Eu (ficar) _____ em casa hoje de manhã. Só _____ (sair) depois do almoço.

38- No fim de semana passado, nós (ter) _____ muito trabalho.

39- Ela (ter) _____ um papagaio (parrot) muito falante.

40- Nós (ter) _____ sorte.

41- Eu não _____ (trabalhar) ontem. E você? Você _____ (trabalhar)?

42- Como _____ (ser) o seu dia ontem?

43- Eu não _____ (fazer) uma boa apresentação do trabalho ontem no colégio.

44- Ela _____ (destruir) todos os documentos que _____ (encontrar) na pasta.

45- A luz _____ (acabar) ontem e eu não _____ (poder) assistir o filme na TV.

46- Semana passada, eu e o Thiago _____ (ir) ao Maracanã ver um jogo entre o Vasco e Flamengo. O Thiago _____ (gostar) muito de ver o jogo. Ele é Flamenguista doente. Nós _____ (sair) bem cedo de casa para evitar (avoid) o engarrafamento (traffic jam). Foi a primeira vez que ele _____ (conhecer) o estádio.

2- How was your day yesterday?

Como foi o seu dia ontem? Escreva em detalhes.

_____
_____
_____
_____
_____
_____
_____
_____
_____
_____
_____
_____
_____
_____

3- Fill in the blanks with the correct form of the past tense: (Preterit Indicative)

Complete as frases com os verbos indicados no Pretérito Perfeito:

SER

- Eles _____ nossos vizinhos. Agora estão morando no Japão.
- Eu e o Carlos já _____ bons amigos.
- Ele _____ um bom aluno no colégio.
- O senhor Alfredo _____ meu professor na universidade.

TER
- Nós não _____ tempo ontem.
- Ela _____ uma filha em 1995.
- Eu _____ muitos problemas.
- Eles _____ um bom dia.

IR
- Eles _____ a São Paulo.
- Eu _____ de bicicleta para a praia.
- Nós não _____ para a escola na sexta-feira.
- Ela _____ de ônibus para o trabalho.

FAZER
- Você _____ todas as tarefas (chores)?
- Nós _____ uma super viagem nas últimas férias.
- Ontem eu _____ um passeio bonito com o meu namorado.
- Vocês _____ o relatório (report)?

PODER
- A reunião era às 8h, mas eu só _____ chegar às 8h15.
- Elas não _____ ir conosco.
- Ele _____ ir ao cinema no sábado passado?

QUERER
- Eu _____ chegar cedo, mas cheguei tarde.
- Nós _____ almoçar juntos ontem.
- Você não _____ ir à festa?
- Eles _____ ficar até mais tarde.

4- Write the verbs in their present and past tenses:
Coloque os verbos no presente e passado (=pretérito perfeito do indicativo):

DAR, CONVIDAR, DANÇAR, PASSEAR, CHORAR, TERMINAR, TRABALHAR, GOSTAR, ESTUDAR
PRESENTE:

EU dou,_____
VOCÊ/ELE/ELA dá,_____
NÓS damos,_____
VOCÊS/ELES/ELAS dão,_____
PASSADO:

EU dei,_____
VOCÊ/ELE/ELA deu,_____
NÓS demos,_____
VOCÊS/ELES/ELAS deram,_____

OFERECER, FAZER, ESQUECER, TRAZER, DIZER, TER, VER, PODER, SABER, BEBER, PERDER
PRESENTE:

EU ofereço, _____
VOCÊ/ELE/ELA oferece, _____
NÓS oferecemos, _____
VOCÊS/ELES/ELAS oferecem, _____

PASSADO:

EU ofereci, _____
VOCÊ/ELE/ELA ofereceu, _____
NÓS oferecemos, _____
VOCÊS/ELES/ELAS ofereceram, _____

SAIR, DIRIGIR, OUVIR, PERMITIR, VIR, IR, PEDIR
PRESENTE:

EU saio, _____
VOCÊ/ELE/ELA sai, _____
NÓS saímos, _____
VOCÊS/ELES/ELAS saem _____
PASSADO:

EU saí, _____
VOCÊ/ELE/ELA saiu, _____
NÓS saímos, _____
VOCÊS/ELES/ELAS saíram, _____

UNIT 6 - UNIDADE 6   Lesson 3 - Lição 3

SIMPLE PAST TENSE - PRETÉRITO IMPERFEITO DO INDICATIVO (Passado Simples)

Pretérito Imperfeito (simples) - Se refere a um fato ocorrido no passado que não foi completamente terminado. Expressa uma ideia de continuidade e duração de tempo. É também usado em histórias infantis.
- A fact that happened in the past but was not completely finished. Thus, expressing an idea of continuity and duration of time. It is also used when telling bedtime stories.

Exemplo:

- Ele **morava** em São Paulo, mas agora está morando no Rio de Janeiro. (He lived in São Paulo, but he is living in Rio de Janeiro now.)
- Eu **fazia** natação quando tinha 6 anos. (I had swimming lessons when I was 6. / I used to have swimming lessons when I was 6.
- **Era** uma vez uma fada muito linda e generosa…. (Once upon a time, there was a very beautiful and generous fairy…)

Pretérito Imperfeito do Indicativo

* The imperfect tense is used to describe a repeated or habitual action in the past. It corresponds to the Simple Past or the expression "used to" in English.

Regular Verbs - Verbos regulares (terminados em **-ar -er -ir**)

PRONOME PESSOAL	VERBO -AR	VERBO -ER	VERBO -IR
	FALAR - SPEAK, TALK	**COMER** - EAT	**ASSISTIR** - WATCH
EU	fal**ava**	com**ia**	assist**ia**
VOCÊ	fal**ava**	com**ia**	assist**ia**
ELE/ELA	fal**ava**	com**ia**	assist**ia**
NÓS	fal**ávamos**	com**íamos**	assist**íamos**
VOCÊS	fal**avam**	com**iam**	assist**iam**
ELES/ELAS	fal**avam**	com**iam**	assist**iam**

- Ele sempre **falava** das viagens dele quando me **encontrava**.
  (He always talked about his trips when he met me.) = continuous action

- Nós **comíamos** muita besteira quando **estávamos** na faculdade. Agora somos vegetarianos.
  (We used to eat a lot of junk food when we were at college. Now we are vegetarian.) = on a regular basis

- Ele **assistia** a todos os jogos dos 'Patriots' quando **morava** nos Estados Unidos.
  (He used to watch all the Patriots games when he lived in the USA.)

SUJEITO	**TER** - HAVE	**IR** - GO	**VIR** - COME
EU	tinha	ia	vinha
VOCÊ/ELE/ELA	tinha	ia	vinha
NÓS	tínhamos	íamos	vínhamos
VOCÊS/ELES/ELAS	tinham	iam	vinham

- Eu **tinha** um amigo imaginário. A gente brincava muito. - (I had an imaginary friend. We used to play a lot.)
- Eles **iam** pra Flórida todo verão. - (They used to go to Florida every Summer.)
- Ela **vinha** sempre me visitar. Saudades dela! - (She used to visit me all the time. I miss her!)

Let's practice! - Vamos praticar!

I (Past) …. when I was a child.
Eu …. quando (eu) era criança.

- **brincar de pique-esconde/de boneca(o)/de carrinho** - play hide-and-seek, with dolls/action figures, with cars
- **jogar videogame todo dia** - play videogame every day
- **comer muito chocolate na Páscoa** - eat a lot of chocolate on Easter
- **fazer o dever de casa antes do jantar** - do the homework before dinner
- **ter dever de casa todo dia** - have homework to do every day
- **jogar bola com os amigos** - play soccer with friends
- **ajudar a minha mãe** - help my mom
- **praticar esportes** - practice sports
- **passear no parque aos domingos** - go for a stroll in the park on Sundays
- **ir ao clube nadar no verão** - go swim at the club in the Summer
- **ficar muito feliz quando ganhava presentes** - get very happy when getting presents
- **convidar todos os meus amigos para o meu aniversário** - invite all my friends to my birthday party
- **viajar nas férias** - travel on my Summer vacation
- **contar os dias para entrar de férias** - count the days to go on vacation
- **colar na prova** - cheat on the exams
- **ser arteiro/a** - be mischievous
- **querer ser ator/atriz** - want to be an actor/actress
- **dormir cedo** - sleep early
- **acreditar em/no Papai Noel** - believe in Santa Claus
- **ter medo do escuro** - be afraid of the dark
- **tomar sorvete aos domingos** - have ice cream on Sundays
- **ganhar muitos presentes no Natal** - get many presents on Christmas
- **beber 'Nescau' todo dia** - drink chocolate milk every day
- **saber todas as brincadeiras de criança** - know all the children's games
- **vir para casa (da escola) de ônibus** - come home (from school) by bus
- **ver minha avó todo fim de semana** - see my grandma every weekend
- **só poder ver TV até às 8h da noite** - be able to only watch TV until 8pm
- **assistir desenhos animados na TV todo dia** - watch cartoons on TV every day
- **gostar do canal Disney** - like Disney channel

- Reviewing the verbs: (HAVE, COME, GO)
  Revisando os verbos: (TER, VIR, IR)

VERBO TER (HAVE)

SUJEITO	TER - HAVE (pretérito perfeito)	TER (pretérito imperfeito)
EU	tive	tinha
VOCÊ/ELE/ELA	teve	tinha
NÓS	tivemos	tínhamos
VOCÊS/ELES/ELAS	tiveram	tinham

- The use of TER in the past can be confusing for being very similar. Sometimes the perfect and imperfect forms can be used having the same meaning.

Examples:

- Eu **tive/tinha** um cachorro lindo chamado Dingo. (I had a beautiful dog called Dingo.)
- Nós **tivemos/tínhamos** uma casa de praia linda em Búzios. (We had a beautiful beach house in Búzios.)
- Ele **teve/tinha** um tênis da Nike vermelho que ele adorava. (He had a pair of red Nike sneakers that he loved.)

Perfeito:

tive/teve/tivemos/tiveram = an action that occurred at a certain time in the past.

- Eu **tive** um sonho estranho ontem à noite. (I had a strange dream last night.) - the action is over.
- Eu **tive** uma dor de cabeça horrível ontem. (I had a terrible headache yesterday.)
- Eu **tive** medo de contar a verdade a ele ontem . (I was afraid to tell him the truth yesterday.)

Imperfeito:
tinha/tínhamos/tinham = expresses an idea of duration and continuity; an unfinished past fact.

- Eu **tinha** o sonho de ser bailarina = Eu **sonhava** em ser bailarina. (I dreamed about being a ballerina.) - for a long period of time
- Eu **tinha** muita dor de cabeça quando **estava** na faculdade. Deve ter sido pelo estresse. (I had a lot of headache when I was at college. It must have been stress.) - a constant action
- Eu **tinha** medo de palhaços quando era criança. (I was afraid of clowns when I was a child). - constant fear
- Eu **tinha** 5 anos quando aprendi a nadar. (I was 5 when I learned to swim.) - TINHA is always used when talking about age.

VERBO VIR (COME)

SUJEITO	VIR - COME (pretérito perfeito)	VIR (pretérito imperfeito)
EU	vim	vinha
VOCÊ/ELE/ELA	veio	vinha
NÓS	viemos	vínhamos
VOCÊS/ELES/ELAS	vieram	vinham

Perfeito:
- Você **veio** pro trabalho de carro? Não, eu **vim** de metrô. (Did you drive to work? No, I took the subway.)
- Nós **viemos** cedo pra casa hoje para te ajudar a preparar o jantar. (We came home early today to help you cook dinner.)

Imperfeito:
- Ele **vinha** trabalhar de ônibus. Agora ele comprou um carro. (He used to come to work by bus. Now he bought a car.)
- Nós sempre **vínhamos** para casa a pé porque morávamos perto da escola. (We always walked home because we lived close to school.)

VERBO IR (GO)

SUJEITO	IR - GO (pretérito perfeito)	IR (pretérito imperfeito)
EU	fui	ia
VOCÊ/ELE/ELA	foi	ia
NÓS	fomos	íamos
VOCÊS/ELES/ELAS	foram	iam

Perfeito:
- Eu **fui** para casa de carona ontem. Meu carro estava no mecânico. (I took a ride home yesterday. My car was at the mechanic.)
- Não **fomos** à festa no sábado. Estávamos muito cansados. (We didn't go to the party on Saturday. We were very tired.)
- Como você **foi** pro trabalho ontem? (How did you go to work yesterday?)

Imperfeito:
- Como você **ia** pra escola? (How did you go to school?) = on a regular basis
  Eu **ia** no ônibus escolar. (I used to go on the school bus.)
- Eles **iam** à praia de Copacabana. Agora só vão para o Leblon. (They used to go to Copacabana beach. Now they only go to Leblon.)

Tudo bem? Vamos aprender Português!

Aluno(a): _____

UNIT 6 - UNIDADE 6   **Lesson 3 - Lição 3**

<u>EXERCÍCIOS</u>

SIMPLE PAST - PRETÉRITO IMPERFEITO DO INDICATIVO

1- Fill in the blanks with the correct form of the past tense: (Imperfect Indicative)
   Complete as frases com o verbo no <u>pretérito imperfeito do indicativo</u>:

a- (comer) Ela _____*comia*_____ muito quando (ficar) _____*ficava*_____ nervosa.
b- (morar) Onde você _____ antes de vir pra cá?
c- (fazer) O meu filho _____ muita bagunça na escola quando era pequeno.
d- (sentir) Ele _____ muito frio trabalhando naquele <u>frigorífico</u>. (meatpacking plant freezer) <u>Ainda bem</u> (I'm glad) que ele não trabalha mais lá.
e- (ser) Você _____ uma criança tímida ou extrovertida?
f- (ser) Nós _____ apaixonados pelo Ayrton Senna e (adorar) _____ assistir as corridas dele na TV.
g- (lavar) Enquanto eu _____ a louça, a minha irmã (limpar) _____ o chão da cozinha.
h- (assistir) Quais desenhos animados você _____ quando (ser) _____ criança?
i- (acontecer) Isso já não _____ há muito tempo.
j- (assistir) O meu pai _____ todos os jogos do Flamengo na TV. Agora, não quer mais saber de futebol.
k- (acordar) Ela sempre _____ cedo e (caminhar) _____ na praia de manhã.
l- (gostar) O que você _____ de fazer quando (estar) _____ de <u>férias na escola</u>? (Summer break)
m- Eles (ser) _____ os melhores alunos da sala.
n- (viver) Ele _____ me ligando pra sair, mas eu nunca quis nada com ele.
o- (morar) Quando eu _____ em São Paulo, eu (acordar) _____ às 7h, (tomar) _____ banho, (arrumar) me _____, (tomar) _____ o meu café da manhã e (sair) _____ pra trabalhar às 8h15. Eu (pegar) _____ o ônibus em frente a <u>padaria</u> (bakery) e (levar) _____ meia hora pra chegar no trabalho. Ao meio-dia e meia, eu (almoçar) _____. À tarde, (ligar) _____ para os clientes, (resolver) _____ os <u>problemas de entrega</u> (delivery problems) e (sair) _____ do trabalho às 7h da noite.

2- Describe the picture using the Preterit Indicative and Imperfect Indicative:
   Descreva a figura usando o pretérito perfeito e imperfeito do indicativo:

- O que a Solange fez ontem? (What did Solange do yesterday?)
- O que a Solange fazia quando trabalhava na secretaria da escola? (What did Solange do when she worked at the school office?)

UNIT 6 - UNIDADE 6   Lesson 4 - Lição 4

TEXT - TEXTO

DATAS ESPECIAIS E SUAS COMEMORAÇÕES NO BRASIL

No Brasil, o Ano Novo (também chamado de Reveillón) e o Carnaval são as datas mais comemoradas com entusiasmo. No Ano Novo, temos a tradição de usarmos roupas brancas. A cor preta nunca é usada. O branco simboliza a paz, o renascimento e as boas energias. Também podemos usar outras cores que simbolizam o dinheiro e o amor, tais como o amarelo e o rosa ou o vermelho, mas o branco é realmente a cor preferida.

O Reveillón do Rio de Janeiro é o mais popular e considerado um dos melhores do mundo. Mais de dois milhões de pessoas vão à praia de Copacabana para ver os fogos à meia-noite. É um espetáculo inesquecível!

O Catolicismo é a principal religião do Brasil, mas há também o Candomblé, que é seguido por milhares de pessoas que, no Ano Novo, gostam de oferecer flores à Iemanjá, a rainha do mar, pedindo proteção, prosperidade ou um novo amor no ano que se inicia. Essa é uma tradição seguida por muitos.

Já o Carnaval, geralmente comemorado em fevereiro (sete semanas antes do Domingo de Páscoa), é considerado "o maior espetáculo do mundo". Milhares de turistas de todos os países visitam o Brasil no Carnaval. São cinco dias de pura diversão, geralmente já começando na sexta-feira e terminando na terça-feira. No Rio de Janeiro e em São Paulo, as escolas de samba se apresentam com carros alegóricos suntuosos, mulheres lindíssimas sambando e alas com diversas fantasias. Você pode assistir pela TV, mas a emoção de ver de perto é algo inexplicável. Lindo demais!

Todo o país para para festejar o Carnaval. No Nordeste, o Carnaval é muito bom também, com milhares de pessoas acompanhando os trios elétricos pela cidade.

Se você tiver a chance de visitar o Brasil na época do Ano Novo ou Carnaval, não pense duas vezes. Tenho certeza que você vai amar. O povo brasileiro sabe se divertir!

Vocabulário:

roupas brancas = white clothes
paz = peace
renascimento = rebirth
tais como = such as
praia = beach
fogos = fireworks
inesquecível = unforgettable
Candomblé - Afro-Brazilian religion
seguido por - followed by
oferecer = offer
Iemanjá = queen of the seas
proteção = protection
prosperidade = prosperity
Domingo de Páscoa = Easter Sunday
carros alegóricos = floats
suntuosos, luxuosos = luxurious
alas = wings, sections
fantasias = costumes
ver de perto = see it live
inexplicável = inexplicable

festejar - to celebrate
acompanhando = going after
trio elétrico = a kind of truck equipped with a high power sound system and a stage for music performance, playing for the crowd as it drives through the city
não pense duas vezes = do not think twice
divertir-se = to have fun

- What are the most celebrated holidays in your country? How do you celebrate them?
- Quais são os feriados mais comemorados no seu país? Como você os celebram?

_____
_____
_____
_____

EXERCÍCIOS

1- Fill in the blanks with the correct form of the past tense: (Preterit Indicative)
   Complete as frases usando o <u>pretérito perfeito do indicativo</u> corretamente:

a- Eu ainda não _____ em Portugal, mas ele já _____. (estar)
b- Eles não _____ aulas ontem, mas eu _____. (ter)
c- Nós _____ todo o dinheiro no banco. Ela também _____. (colocar)
d- Nós já _____ o nosso relatório, mas eles ainda não _____ o deles. (fazer)
e- Ontem a gente _____ <u>uma festa</u> (throw a party) em casa. Foi ótima! (dar)
f- Na segunda-feira passada eu _____ à aula. Por que vocês não _____? (vir)
g- Eles já _____ o número de telefone deles, mas eu ainda não _____ o meu. (dar)
h- Ontem ele _____ à minha casa para conversar comigo. (vir)
i- Na semana passada, nós _____ aqui para conversar com ele. (vir)

2- Fill in the blanks with the correct form of the verb in the present and past tenses: (Simple Present or Preterit Indicative)
   Complete as frases com os verbos no <u>presente</u> e no <u>pretérito perfeito</u>:

Presente:

a- Eu sempre _____ à noite. E você? Você _____ também? (ler)
b- Nós nunca _____ o jornal de manhã. Elas também não _____. (ler)
c- Estou nervoso. Não _____ o que fazer. Por favor, me ajude. (saber)
d- A gente _____ de acordar cedo. (gostar)
e- Vocês _____ o diretor na faculdade todos os dias? (ver)
f- Eles _____ muito nas férias. (viajar)
g- Eu sempre _____ o Eduardo no trabalho, mas ele nunca me _____. (ver)
h- Eu nunca _____ sozinha à noite, mas ela _____. (sair)
i- Eles sempre _____ do trabalho às 18h e nós _____ às 19h. (sair)
j- Todo mundo _____ a mesma coisa. Ninguém _____ nada diferente. (dizer)
k- Vocês sempre _____ a verdade? Sim, nós sempre _____ a verdade. (dizer)
l- Por que você não _____ a Mônica para cá? (trazer)
m- Eu sempre _____ o meu livro de português para a aula, mas ele nunca _____ (trazer) o dele.

Passado: (pretérito perfeito)

a- Eu _____ ontem que você vai viajar. (saber)
b- Eles _____ ontem que a situação de saúde da Renata está melhor. (saber)
c- Ontem, eles me _____ na loja, mas eu não os _____. (ver)
d- Você _____ o ladrão correndo? _____ sim. (ver)
e- Eu não _____ ontem porque estava chovendo. (sair)
f- A que horas os funcionários _____ do escritório ontem? (sair)
g- O que vocês _____ na reunião ontem? Nós não _____ nada. (dizer)
h- Ontem ela me _____ que queria se casar. (dizer)
i- Ontem nós _____ todos os materiais, mas eles não _____ nada.(trazer)
j- Na semana passada, Luana _____ brigadeiros para os seus colegas e sua professora. (trazer)
k- A gente _____ no jornal que vai chover amanhã. (ler)

3- Translate the sentences to Portuguese. Use the correct form of the verbs in the past: (Preterit or Imperfect Indicative)
Traduza as frases para o português usando a forma correta dos verbos no pretérito perfeito ou imperfeito:

a- Where did you go yesterday?
_____

b- I was a shy child.
_____

c- They were the best lawyers in town.
_____

d- What did you like to eat when you were a child?
_____

e- My sister's birthday party was wonderful last Saturday.
_____

f- He ate pasta and drank wine last night.
_____

g- My parents were on vacation last month. They went to France.
_____

h- I left home at 7am this morning. I took the subway to go to work.
_____

i- I decided to buy a new car.
_____

j- Jessica woke up early yesterday.
_____

k- I got up, took a shower, had breakfast and went to the gym.
_____

l- Did she do the homework?
_____

m- He bought flowers and chocolate for her.
_____

n- Who called you last night?
_____

o- Sarah offered me a job.
_____

p- Who was your best friend at school?

q- Where did you spend Christmas last year?

r- I saw Ana's baby last week.

s- I paid all the bills on the 5th.

t- How many beers did you drink?

4- Write about your last Christmas and New Year's celebration - what you did, where you were and how it was.
    Escreva sobre o seu último Natal e Reveillón (Ano Novo) - o que você fez, onde você passou e como foi a celebração.

Tudo bem? Vamos aprender Português!

Aluno(a): _____

UNIT 6 - UNIDADE 6   Lesson 4 - Lição 4 - Parte 2

1- Answer the questions:
   Responda:

a- Em que ano você se formou na faculdade? Você teve festa de formatura?

b- Quantos anos você tinha quando ganhou ou comprou o seu primeiro carro?

c- Como foi o seu último Natal?

d- Como foi a sua infância? Você era tímido(a)? Tinha muitos amigos?

e- Qual foi o primeiro país estrangeiro que você conheceu?

f- Você foi um bom aluno / uma boa aluna? Como era a sua escola /o seu colégio?

g- O que você fez ontem?

h- Onde você conheceu o seu marido/namorado, a sua esposa/namorada, o seu melhor amigo/a sua melhor amiga?

i- Qual foi a última coisa que você comprou para você?

j- Me diz um momento marcante (pivotal moment) na sua vida.

k- Me diz uma estória/conto de fadas (fairytale) que você gostava quando era criança.

2- Translate the sentences to Portuguese:
   Traduza as frases para o português:

a- I bought a new car for my son.

b- I woke up at 6am yesterday.

c- I didn't work last Friday.

d- Did you go to the movies last Sunday?

e- I saw Pedro at the gym this morning.

f- Did they eat all the cake? Yes, they did.

g- She was born in 1987.

h- Sandra gave the book to the teacher.
_____

i- I put the cake in the oven.
_____

j- I didn't pay the phone bill this month.
_____

k- I made pot roast for dinner.
_____

l- Did you bring your jacket today?
_____

m- I wanted to travel to the Bahamas last Summer.
_____

n- I had a terrible headache last night so I went to the drugstore to buy some medicine.
_____

o- Did you come to work by car today? No, I came by bus.
_____

p- I went to the gym and he went to the supermarket yesterday afternoon.
_____

3- Fill in the blanks with the correct form of the past tense: (Preterit Indicative)
   Complete com os verbos indicados no <u>Pretérito Perfeito do Indicativo</u>:

a- Você _____ (ir) à feira? Sim, _____.
 - Você_____ (comprar) tudo o que eu _____ (pedir)? Sim, _____.
 - Você_____ (pagar)? Claro que _____!
 - Você_____<u>(fazer) bem as contas?</u> _____. (to do the math)

b- Vocês _____ (fazer) as tarefas? _____.
 - Vocês _____ (poder) ler o livro? Não _____.
 - Vocês_____ (entender) tudo que o professor explicou? Sim, _____ .
   Não _____ (ter) dúvidas?
   Não, não _____.

c- Você _____ (ir) na <u>montanha russa</u> (roller coaster)? _____.
   Você não _____ (ter) medo? Sim, _____.
   Você não _____ (querer) descer?
   Eu _____ (querer) mas não _____ (poder).

d- Vocês não _____ (querer) ir à festa? Sim, _____.
   E por que não _____ (ir)?
   Porque não _____ (poder).
   E por que não _____ (poder) ir?
   Porque _____ (ter) problemas.

e- Você _____ (estudar) os verbos? Sim, _____.
   _____ (aprender) todos? Não, não _____.
   Então você_____ (desistir) de fazer o exame? Não, não _____.
   Ótimo! Boa sorte!

Tudo bem? Vamos aprender Português!

Aluno(a): _____

GENERAL REVIEW - REVISÃO GERAL

1- How do you say … in Portuguese?
   Como se diz…. em português?

a- I'm hungry! _____
b- See you tomorrow! _____
c- How much is this bag? It's R$340. _____
_____

d- What time does the game start? _____
e- I am not at work. I'm home. _____
f- I won't buy that car. _____
g- Pedro was my best friend at school. _____
h- How do you go to work? By subway. _____
_____

i- I'll have the filet mignon with mashed potatoes. Medium, please!
_____

j- I like coffee and skim milk in the morning.
_____

k- Spring, Summer, Fall, Winter. _____
l- How's the weather today? It's hot. _____
m- Is she blonde or brunette? _____
n- Eyes, nose, mouth, chin, forehead, arms, legs.
_____

o- I wanted to buy that jacket but it was too expensive.
_____

p- Where are you going to spend Christmas this year?
_____

q- I can't pay attention to the teacher. It's noisy here!
_____

r- I have lunch at 12pm every day.
_____

s- I will study Portuguese tomorrow morning.
_____

t- I work from 9 to 5. _____
u- I like jelly/cookies/honey/ham/turkey/butter/rice/beans/soda/juice/tea/red wine.
_____
_____

v- I have a headache. _____

2- Answer the questions:
Responda:

a- Você é vegetariano(a)?

b- Você mora em apartamento ou casa?

c- O que você gosta de fazer nas horas livres?

d- Você é uma pessoa impaciente?

e- Qual é o seu endereço?

f- O que você fez no seu último aniversário?

g- Qual foi a última vez que você comeu uma lasanha?

h- A que horas você acordou ontem?

i- Quando será a sua próxima viagem?

j- Quem foi a sua melhor professora / o seu melhor professor?

k- Onde você mora no momento? Você morava no mesmo lugar em 2015?

l- O seu país é maior que o Brasil?

m- Você gosta de esportes radicais (extreme sports)?

n- Onde você estudava quando tinha 12 anos?

o- O que você gostava de brincar quando era criança?

p- O que você raramente come?

q- Você gosta de dormir até tarde?

r- O que tem na sua geladeira agora?

s- Qual é a melhor pizzaria da sua cidade?

t- Você sabe andar de skate?

u- Você prefere usar tênis ou chinelo de dedo?

v- Você brincava de "amarelinha" (hopscotch) quando era criança?

w- Quais são as qualidades do seu melhor amigo?

x- O que você vai fazer nas suas próximas férias?

y- O que você fez anteontem? (the day before yesterday)

3- Write the verbs in the present and past tenses:
   Coloque os verbos no presente e pretérito perfeito do indicativo:

JOGAR, DAR, COLOCAR, ADORAR, PRATICAR, VIAJAR

PRESENTE:
EU jogo,_____
VOCÊ/ELE/ELA joga,_____
NÓS jogamos,_____
VOCÊS/ ELES/ELAS jogam,_____

PASSADO:
EU joguei,_____
VOCÊ/ELE/ELA jogou,_____
NÓS jogamos,_____
VOCÊS/ELES/E jogaram,_____

TER, SER, FAZER, DIZER, LER, VER, SABER, AGRADECER, QUERER

PRESENTE:
EU tenho,_____
VOCÊ/ ELE/ELA tem,_____
NÓS temos,_____
VOCÊS/ELES/ELAS têm,_____

PASSADO:
EU tive,_____
VOCÊ/ELE/ELA teve,_____
NÓS tivemos,_____
VOCÊS/ELES/ELAS tiveram,_____

ESSAY - REDAÇÃO

4- Escreva sobre a sua infância, mencionando o lugar onde nasceu/cresceu, onde estudou, as suas brincadeiras favoritas, o que fazia nas férias e as coisas que te trazem boas lembranças.
   Write about your childhood - where you were born/grew up, where you studied, your favorite games, your vacation trips and all the good memories you have.

Where there's a will there's a way. / Querer é poder!

Tudo bem? Vamos aprender Português!

FRASES USADAS NA SALA DE AULA - SENTENCES USED IN CLASS

O professor diz: / The teacher says:

- **Alguma dúvida?** - Any questions?
- **Entendeu? / Entenderam?** - Did you understand?
- **Posso continuar?** - Can I go on?
- **Leia o texto, por favor.** - Read the text, please.
- **Olha!** - Look!
- **Presta atenção!** - Pay attention!
- **Por exemplo** - For example
- **Página 3, número 2, por favor.** - Page 3, number 2, please.

O aluno diz: / The student says:

- **Não entendi.** - I didn't understand it.
- **Sim, entendi.** - Yes, I understood it.
- **Como se diz _____ em português?** - How can I say _____ in Portuguese?
- **O que significa _____ em português?** - What does _____ mean in Portuguese?
- **O que quer dizer _____ em português?** - What's the meaning of _____ in Portuguese?
- **Como se pronuncia isso?** - How can I pronounce/say this?
- **Pode soletrar?** - Can you spell it?
- **Como se escreve _____?** - How can I spell _____?
- **Com ou sem acento?** - With or without an accent?
- **Pode repetir, por favor?** - Can you repeat, please?
- **Mais devagar, por favor.** - Slowly, please.
- **Tenho uma pergunta.** - I have a question.

Tudo bem? Vamos aprender Português!

PRONÚNCIA / SONS - PRONUNCIATION / SOUNDS
Read the words out loud to practice:

M (sounds N)	ÃO (nasal sound)	LH (LI)	NH (Ñ)	R (at the beginning) / RR (sounds H)
bem (well)	**não** (no)	**filho** (son)	**vinho** (wine)	**restaurante** (restaurant)
sim (yes)	**coração** (heart)	**folha** (leaf)	**estranho** (weird)	**roubar** (to steal)
bom (good)	**chão** (floor)	**mulher** (woman)	**senhor** (sir)	**rato** (mouse)
um (one)	**mão** (hand)	**olho** (eye)	**montanha** (mountain)	**relógio** (watch)
homem (man)	**pão** (bread)	**trabalho** (work)	**banheiro** (bathroom)	**religião** (religion)
também (too)	**lição** (lesson)	**palhaço** (clown)	**carinhoso** (affectionate)	**refeição** (meal)
ninguém (nobody)	**irmão** (brother)	**colher** (spoon)	**vizinho** (neighbor)	**rua** (street)
viagem (trip)	**organização** (organization)	**talheres** (silverware)	**aranha** (spider)	**rio** (river)
comum (common)	**são** (are - plural)	**rolha** (cork)	**galinha** (hen)	**garrafa** (bottle)
cupim (termite)	**alemão** (German)	**milho** (corn)	**cozinha** (kitchen)	**arroba** (@)
batom (lipstick)	**macarrão** (spaghetti)	**velho** (old)	**desenho** (drawing)	**carro** (car)
amendoim (peanut)	**sensação** (sensation)	**brilhante** (brilliant)	**rainha** (queen)	**cachorro** (dog)
L (sounds U)	**DI**	**TI**	**DE / TE**	**CH (sounds SH)**
Natal (Christmas)	**dia** (day)	**tia** (aunt)	**verde** (green)	**churros** (churros)
fundamental (fundamental)	**acreditar** (believe)	**ativar** (activate)	**tarde** (afternoon, late)	**churrasco** (barbecue)
animal (animal)	**adicionar** (add)	**artista** (artist)	**onde** (where)	**chegar** (arrive)
Daniel (Daniel)	**diferente** (different)	**atividade** (activity)	**noite** (night)	**chave** (key)
canil (dog kennel)	**adiantado** (early)	**antigo** (old, antique)	**leite** (milk)	**concha** (shell)
especial (special)	**direita** (right)	**time** (team)	**tomate** (tomato)	**chefe** (boss)
igual (the same)	**dirigir** (drive)	**tímido** (shy)	**enfeite** (ornament)	**chance** (chance)
jornal (newspaper)	**dinheiro** (money)	**tigre** (tiger)	**azeite** (olive oil)	**chuva** (rain)

Tudo bem? Vamos aprender Português!

<u>SER / ESTAR - TO BE</u>

Are you…?
Você é…?

casado/a ou solteiro/a - married or single
alto/a ou baixo/a - tall or short
econômico/a ou consumista - frugal or spend a lot of money
amoroso/a (carinhoso) - loving, affectionate
um/a amante da natureza - a nature lover
comunicativo/a - communicative
tímido/a ou extrovertido/a - shy or extrovert
católico/a, evangélico/a, judeu/judia - Catholic, Christian, Jewish
paciente ou impaciente - patient or impatient
persistente - persistent
preguiçoso/a - lazy
atrapalhado/a - clumsy
gente boa, legal - a nice person
teimoso/a - stubborn
indeciso/a - indecisive
determinado/a - determined
otimista - optimist
ansioso/a - anxious

Você está ….?

com calor - (feeling) hot
com frio - (feeling) cold
com fome - hungry
com sede - thirsty
com pressa - in a hurry
com sono - sleepy
com vontade de comer um doce agora - craving something sweet now

Tudo bem? Vamos aprender Português!

ABREVIAÇÕES, EXPRESSÕES E HASHTAGS USADAS EM MENSAGENS E NAS REDES SOCIAIS
Portuguese abbreviations, expressions and hashtags used for texting and social media

* **Top!, Demais!** = Awesome!, Super cool!
* **Quem me dera!** = I wish!
* **Sério?, Jura?, Verdade?** = Really?
* **Sério!, Verdade!** = I'm serious! That's true!
* **Bora!** (vamos embora!) = Let's go!
* **Peraí!** (espera aí) = Hold on!
* **Partiu!** (hora de ir!) = Time to go!
* **Arrasou!** = You killed it!
* **Valeu!** = Thanks!
* **Tamo junto!** = Count on me!
* **uhuul!** = woohoo!
* **kkkkkkkk** = laughing
* **rsrsrsrsrs** (risos) = laughing
* **sdds** (saudades) = I miss you!
* **vdd** (verdade) = true, truth
* **cmg** (comigo) = with me
* **blz** (beleza) - Tudo beleza? = Tudo bem?
* **bj / bjs** (beijo/s) = kisses
* **abs** (abraços) = hugs
* **vc** (você) = you
* **pq** (por que?, porque) = why?, because
* **vlw** (valeu!) = thanks!
* **tmj** (estamos juntos = tamo junto!) = count on me!
* **sqn** (só que não) = not really (Eu adoro hip hop! #sqn)
* **tb** (também) = also, too
* **aff** = expresses lack of patience, disagreement or discontentment
* **add** (adicionar) = add (Me add no Instagram!)
* **ctz** (certeza) / com certeza! = for sure! (Vc tem ctz? = Are you sure?)
* **n, naum** (não) = no (Eu n gosto dele! = I don't like him!)
* **nd** (nada) = nothing
* **p/** (para) = to
* **n tem nd p fzr** (não tem nada pra fazer) = there's nothing to do
* **pfv** (por favor) = please
* **q** (que) = what, that (O q vc quer fazer? = What do you want to do?)
* **qq** (qualquer) = any (Vc pode vir aqui a qq hora. = you can come here anytime.)
* **hrs** (horas) - time (Q hrs é o jogo? = What time is the game?)
* **obg** (obrigado/a) = thank you
* **mt** (muito) = a lot, very
* **mds** (Meu Deus!) = My God!
* **agr** (agora) = now
* **hj** (hoje) = today
* **a gnt** (gente) = we

Tudo bem? Vamos aprender Português!

MEDIDAS - MEASUREMENTS

VELOCIDADE/DISTÂNCIA/COMPRIMENTO/ALTURA - SPEED /DISTANCE/LENGTH/HEIGHT

VELOCIDADE (speed)

1 milha (mile – mi) = 1,6 quilômetros (km) - **1mi = 1.6 km**
1 polegada (inch – in) = 2,54 centímetros (cm) - **1in = 2.54cm**
1 pé (foot – ft) = 30,48 centímetros (cm) - **1ft = 30.48cm**

VOLUME (para líquidos)

1 onça líquida (fluid ounce – fl oz) = 30 mililitros (ml) - **1oz = 30ml**
1 galão (gallon – gal) = 3,78 litros (l) - **1 gal = 3.78l**
1 litro (l) = 33.81 ounces - **33.81oz = 1l**

PESO (para sólidos)

1 libra (pound – lb) = 0,4536 kg (ou 453,60 gramas) - **1lb = 453g**
1 quilo (kg) = 2,205 lbs - **2.2 lb = 1kg**
1 onça (oz) = 28,35 g (3,53 oz = 100 g) - **1oz = 28g**

TEMPERATURA (Fahrenheit x Celsius)

Como converter:
Fahrenheit em Celsius: (°F – 32) dividido por 1,8
Exemplo: 100°F = **(100 – 32)/1,8** = 37,7°C
Celsius em Fahrenheit: (°C x 1,8) + 32
[Exemplo: 40°C = **(40 x 1,8) + 32** = 104°F]

OVEN TEMPERATURES

250° F = 130° C
300° F = 150° C
350° F = 180° C
400° F = 200° C
450° F = 230° C

ALTURA - HEIGHT

Nos Estados Unidos, o sistema métrico é diferente do utilizado no Brasil (para roupas, altura, massas, distância etc). Quando usamos medidas americanas, o símbolo (') quer dizer feet (pés) e o símbolo (") quer dizer inches (polegadas).
Os valores da tabela abaixo são aproximados.

Metros (Br)	Feet (USA)
1,22	4'0"
1,24	4'1"
1,27	4'2"
1,30	4'3"
1,32	4'4"
1,35	4'5"
1,37	4'6"
1,40	4'7"
1,42	4'8"
1,45	4'9"
1,52	5'0"
1,55	5'1"
1,57	5'2"
1,60	5'3"
1,62	5'4"
1,65	5'5"
1,68	5'6"
1,70	5'7"
1,73	5'8"
1,75	5'9"
1,78	5'10"
1,80	5'11"
1,83	6'0"
1,85	6'1"
1,88	6'2"
1,90	6'3"
1,93	6'4"

Answer Key

Unit 1 - Lesson 1

1- 4
   2
   3
   1
   5

3-
a- ele	f- eles
b- nós	g- ela
c- ela	h- ele
d- ele	i- ele
e- eles	j- nós

Unit 1 - Lesson 2

1 -
a- Ela não é loura.
   Ela é loura?
b- O Marcos / Ele não é um bom professor.
   Ele é um bom professor?
c- Eles não são de Nova Iorque.
   Eles são de Nova Iorque?
d- Elas não estão em casa.
   Elas estão em casa?
e- O gato não é preto.
   O gato é preto?

2-
a- é	f- não somos
b- estamos	g- sou, é
c- são	h- é, é
d- é, sou	i- não é
e- é, não é	j- estão

Unit 1 - Lesson 3

Text
a- Benjamin Hatfield.
b- Não, ele não é.
c- Ele é de Los Angeles.
d- O telefone dele é 213-624-8460.
e- Não, o pai ele é médico.
f- A mãe dele é dona de casa.
g- Ele está na escola / no colégio agora.
h- Ele fala três línguas.

1-
a- Qual
b- onde
c- Como
d- Onde
e- Como
f- Qual
g- Como

2-
a- seis	f- um
b- nove	g- vinte
c- onze	h- oito
d- dez	i- dezessete
e- cinco	j- quinze

3-
a- trinta e oito
b- quinze
c- sete
d- vinte e seis
e- treze

f- oito
g- quarenta e sete
h- cinquenta
i- trinta e três
j- dois mil, oitocentos e sessenta e três
k- mil novecentos e setenta e seis
m- um milhão e meio
n- quatorze mil, setecentos e trinta e nove

4-
- vermelha, verde
- amarela
- roxas
- ___
- ___
- azul
- vermelhos
- verde
- ___
- ___

Unit 1 - Lesson 4
Adjetivos Possessivos:
a- a família dela / o irmão dela / a cidade dela
b- os nomes deles/delas / a mãe deles/delas / a vida deles/delas
c- nossos pais / nossos problemas / nossa casa
d- meus filhos / meu filho / minha filha
e- sua irmã / seu sobrenome / sua bicicleta
f- o carro dele / a comida dele / a viagem dele
g- o cachorro do meu amigo
h- o marido da Ana
i- a esposa do Felipe
j- as bicicletas das crianças

2-
a- Os pais dele não estão em casa.
b- Minhas tias moram no Rio.
c- O nome do pai dela é Cláudio.
d- A bicicleta do Fernando é prateada.
e- Nossos aniversários são em maio.
f- A sua festa é amanhã?
g- O cahorro deles é muito fofo.
h- Qual é o nome da sua mãe?
i- O aniversário da Alice é em julho.
j- Os nossos países são muito grandes.

Unit 1 - Lesson 4
2-
b- Ele / é
c- Eles / são
d- Ela / está
e- Elas / são, estão
f- Nós / estamos
ç- Ele / está

3-
a- massagens
b- cordões
c- marrons
d- atores
e- grãos de café
f- lençóis
g- ovos
h- mulheres
i- corações
j- irmãs
k- homens
l- imóveis
m- informações
n- países
o- caminhões
p- cores

5-
a- dele
b- meu
c- seu
d- dela
e- dele
f- dela
g- sua

Unit 2 - Lesson 1
1-
a- São duas e quarenta e cinco da tarde. / São quinze para as três.
b- São onze e meia da noite.
c- São nove e quinze da manhã.
d- É meio dia e cinquenta e cinco. / São cinco para a uma (da tarde).
e- É meia noite.
f- É meio dia e meia.
g- São três horas da tarde.
h- São dez e quarenta da manhã.
i- São sete e dezessete da manhã.
j- São sete e vinte e cinco da noite.

4-
a- dele
b- dela
c- nossa
d- delas
e- dele
f- dele
g- meus
h- nossos
i- deles

5-
a- dois mil, oitocentos e setenta e sete
b- mil novecentos e noventa e três
c- setenta e oito mil, quatrocentos e quarenta e oito
d- cento e vinte
e- dois mil e vinte

6-
a- pães
b- batons
c- lições
d- inúteis
e- mãos
f- animais
g- favores
h- viagens
i- alemães
j- juizes
k- azuis
l- jornais
m- amores
n- luzes

Unit 2 - Lesson 2
1-
a- dentro /em cima
b- das, às, de, Nos, às, das, ao, perto, de
c- No, de, no
d- embaixo/debaixo
e- no, em, na
f- em, aos
g- das às
h- em
i- no
j- de, de/à
k- perto
l- ao lado

Unit 2 - Lesson 3 - Part 1
1- Translation:
a- Eu como pão, presunto e queijo no café da manhã.
b- Eu bebo suco à tarde.
c- Eu como salada e frango no almoço.
d- Eu bebo água todo dia. Eu bebo leite de manhã.
e- Eu gosto de comer carne e/com batatas no jantar.
f- Eu não gosto de carne mas gosto de frango.
g- Eu gosto de beber chá todo dia.

h- Eu como salada, peixe e arroz à noite e bebo água.
i- Ele bebe cerveja todo fim de semana.
j- O que você gosta de comer no jantar?
k- Nós não comemos nada de manhã.
l- Ela gosta de comer cereal com leite no café da manhã.
m- Você gosta de aveia? Sim, eu gosto de aveia com fruta.
n- Eles gostam de macarrão e vinho à noite.
o- O que você quer beber: refrigerante ou suco?

3- Foods:
ice-cream - sorvete
Coke - Coca-cola
rice and beans - arroz e feijão
coffee - café
meat - carne
chicken - frango
cake - bolo
spaghetti - macarrão
apple pie - torta de maçã
pizza - pizza
milk - leite
tea - chá
water - água
fish - peixe
juice - suco
jelly - geleia

Unit 2 - Lesson 3 - Part 2
1-
a- quinto
b- décimo nono
c- quinquagésimo
d- vigésimo quarto
e- primeiro
f- trigésima sétima
g- décimo primeiro
h- milésima

2-
a- oitenta e três mil, quinhentos e sessenta e sete reais.
b- dois reais e quinze centavos.
c- dois mil, cento e trinta e oito dólares.
d- vinte milhões e meio de dólares.
e- cinco reais.
f- seiscentos dólares.
g- seis dólares e setenta e cinco centavos.

Unit 2 - Lesson 4
2-
5
1
2
4
3
6

3-
fotógrafa
médico
corretor/a de imóveis?
dentista
cientistas
policial
cabeleireiro

6-
a- O, os, a
b- A, O, as
c- um, O, a
d- os, os, a
e- O, o
f- Os, O, as, o, as
g- umas, uns
h- A, o, Os

Unit 3 - Lesson 1
1-
a- australiano/a
b- inglês/inglesa
c- mexicano/a
d- canadense
e- alemão/ alemã
f- chinês/ chinesa
g- francês/francesa
h- japonês/japonesa
i- americano/a
j- indiano/a
k- peruano/a
l- espanhol/a
m- colombiano/a
n- italiano/a

2-
a- os professores
b- o guarda-chuva
c- o/os lápis
d- a maçã
e- a sala de aula
f- a janela
g- as laranjas
h- o/os tênis
i- os bebês
j- o dia
k- a cor
l- os insetos
m- a mesa
n- o ovo
o- a TV
p- o uniforme
q- o mar
r- o braço
s- as cadeiras
t- os engenheiros
u- os problemas
v- a refeição

3-
Ela se chama Lúcia Helena dos Santos.
Ela trabalha na RCA em Londres.
Ela é secretária.

Ela se chama Maria Clara Carvalho.
Ela é contadora na RCA de Berlim.

Ele se chama Takashi Louback.
Ele é designer gráfico na RCA de Tóquio.

4-
a- Ele mora em Roma./ Ele mora na Itália.
b- A Sandra é garçonete.
c- Não. São engenheiros.
d- O Francesco Venturini.
e- Ela é de Chicago.
f- Ele é japonês.

Unit 3 - Lesson 2
Text
a- Ele é casado.
b- Ele trabalha nas Casas Bahia.
c- Ela é gerente de banco.
d- Ela tem 33 anos.
e- Ele adora jogar futebol com os amigos.
f- ——
g- Ele trabalha 10 horas por dia.
h- Ela tem 7 anos.

3-
a- Qual é o nome da sua mãe?
b- De que país você é?
c- Qual é a sua profissão?
d- Quantas horas você trabalha por dia?
e- Você tem um/a namorado/a?

4-
nome, australiana, moro, sociais, vários, mundo, 23, faculdade, defensoria pública, se chama, guitarrista

5-
a- Japão
b- França
c- Brasil
d- Canadá

6-
a- está, está
b- é
c- está
d- é
e- é, somos
f- é, está
g- está
h- está, é
i- é, É
j- é
k- é
l- é
m- são, são
n- somos
o- É, estão

7-
a necessidade
o Canadá
as japonesas
o cinema
as explosões
o sistema
os cristais
o clima
os planetas
as condições
a explicação
os anéis
o sofá
as mãos

8-
1- chair
2- clock
3- school desk
4- table
5- window
6- scissors
7- black board
8- computer
9- keyboard
10- globe
11- door
12- book
13- ruler
14- sheet of paper
15- pen
16- pencil
17- student
18- tree
19- speaker
20- poster
21- cloud
22- binder
23- map
24- notebook
25- wall
26- garbage
27- trash can
28- teacher
29- backpack
30- eraser

<u>Unit 3 - Lesson 3</u>
Text
a- Ela é do Brasil.
b- Ela mora em Miami Beach.
c- Não. Ela é divorciada.
d- Ela se chama Beatriz.
e- Alice e Laura.
f- É grande.
g- Não. Ela é viúva.

2-
a- o elevador
b- os vendedores
c- as cidades
d- a atriz
e- as luzes da cidade
f- o professor
g- o/a dentista
h- as ruas
i - o/a gerente
j- a praia
k- o abajur
l- o sol
m- a lua
n- as estações do ano

3-
a- Ele é o meu pai.
b- 5 anos.
c- Bem, obrigado/a.
d- 07 de setembro.
e- Sim, são.
f- No trabalho.
g- 35
h- Sou secretária
i- Não, não gosto.

5-
a- advogado
b- dentista
c- professor
d- mecânico
e- garçom
f- eletricista
g- médico

6-
a- O que você faz? Sou advogado.
b- Quantos anos você tem? 36
c- Quando é o seu aniversário? 15 de dezembro.
d- Como se chama o seu filho? Matheus.
e- Qual é o seu prato preferido? Feijoada.
f- Onde você trabalha? Na Mercedes Benz, em Juiz de Fora, MG.
g- De onde você é? Do Rio de Janeiro.

Review
1-
a- Você é uma pessoa ciumenta?
b- Qual é o nome do padrasto dele?
c- A minha sogra não mora aqui.
d- Ele é magro, alto e tem olhos azuis. Ele é charmoso e rico, mas egoísta, infiel, metido e pão-duro.
e- O aniversário da minha tia é em dezembro.
f- Ele é um cara legal, mas é preguiçoso e desajeitado.
g- Os nossos pais estão de férias nas Bahamas. As crianças estão em casa com a vovó.
h- Estou com tanta fome! O almoço está pronto?
i- O genro deles é porto-riquenho. Ele é o gerente geral da empresa. Ele tem trinta e três anos e tem uma esposa chilena chamada Isis.
j- Que carro lindo! / Que lugar lindo! / Que cidade linda!
k- Onde fica o banheiro, por favor?
l- Vamos almoçar!
m- Onde está o meu iPad?/ Cadê o meu iPad?
n- O meu avô está no céu. O meu avô (já) morreu. / O meu avô está morto.
o- Fica calmo/a!, Calma!
p- Fica quieto/a!, Quieto/a!

3-
a- triste
b- salgado
c- sujo
d- barato
e- pessimista
f- longe
g- rico
h- magro
i- extrovertido
j- falante
k- desonesto
l- mal-educado
m- infiel
n- burro

Unit 3 - Lesson 4

Primeira coluna:
camisa de malha
camiseta
blusa de moletom
short
boné
sapato
top de ginástica

Segunda coluna:
calça
tênis
sapato alto
meia
chapéu
suéter
cueca

Terceira coluna:
luva
óculos
relógio
guarda-chuva
calcinha

1-
a- está fazendo
   está tomando
b- está estudando, está lavando
c- estão jogando, estão andando
d- estou te esperando
e- está fazendo, está trabalhando, está ajudando, está passando, preparando
f- Está chovendo
g- está fazendo

2-
- (Eu) estou almoçando.
- Eu estou conversando com a minha mãe.
- Eu estou assistindo TV.
- Eu trabalhando.
- Eu estou cozinhando.
- Eu estou caminhando na praia.
- Eu estou correndo no calçadão da praia.
- Eu estou fazendo compras.
- Eu estou indo ao mercado.

3-
a- Por que você está chorando?
   Estou chorando porque estou triste.
b- Por que você está sorrindo?
   Estou sorrindo porque estou feliz.
c- Por que você está comendo agora?
   Estou comendo agora porque estou com fome.
d- Por que você está bebendo água?
   Estou bebendo água porque estou com sede.
e- Por que você está correndo?
   Estou correndo porque estou com pressa.
f- Por que você está estudando português?
   Estou estudando português porque quero ir ao Brasil.
g- Por que você está malhando cinco vezes por semana?
   Estou malhando porque estou gordo/a.
h- Por que você está indo dormir cedo?/ indo pra cama cedo?
   Estou indo dormir cedo porque estou cansado.

O que você está...?
...assistindo na TV?
Estou assistindo um filme.
...cozinhando?
Estou cozinhando macarrão com queijo.
...bebendo?
Estou bebendo uma cerveja bem gelada.
...fazendo?
Estou estudando português.
Estou jogando futebol.
Estou descansando.
Estou conversando/falando com o meu amigo/a minha amiga.
Estou escrevendo um email.

4-
a- O que eles fazem? / Qual é a profissão deles?
b- Onde eles estão?
c- Quando você sempre está em casa?
d- Por que estão comendo agora? (variações)
e- Quem é ela?
f- Com quem ele está no cinema?
g- Por que você está correndo? (variações)
h- Que dia é hoje? (variações)

Units 1,2 and 3
Review
2-
a- É uma e quarenta e cinco da tarde. / São quinze para as duas da tarde.
b- São oito e meia da manhã.
c- É meio dia. / São doze horas.
d- São cinco e quarenta da tarde. / São vinte para as seis (da tarde).
e- São onze e cinquenta e cinco da noite. / São cinco para a meia noite
f- São três e quinze da madrugada / da manhã.
g- São dez e vinte e sete da manhã.

3-
a- baixo
b- quente, calor
c- claro
d- novo, jovem
e- rico
f- magro
g- salgado, azedo, amargo
h- feio
i- sujo

4-
a- no
b- às
c- das às
d- no, nos
e- no
f- no, em
g- debaixo, embaixo
h- perto
i- dentro
j- em cima

5-
a- Quantos anos o seu irmão tem?
b- A Bruna é alta, morena e muito bonita.
c- O meu país é grande e lindo.
d- Hoje é dia 21 de junho de dois mil e dezoito
e- Que horas são?
f- Eu estou no trabalho. A Júlia está em casa.
g- Ela está usando uma mini saia e salto alto.
h- Está chovendo muito aqui hoje.
i- A camisa dele está amassada.
j- Como está o tempo hoje? Está abafado.
k- Os seus pais são espanhóis?
l- A Clara é loura e tem olhos azuis.
m- Bom fim de semana. Até segunda!
n- Ela mora no décimo segundo andar.
o- Esquece!
p- Eu não ligo para donuts.
q- Os homens estão no clube e as mulheres estão na praia.
r- Os animais estão dentro do caminhão.
s- O meu amigo Carlos é porto-riquenho.
t- Eu gostaria de uma cerveja, por favor.
u- Qual é o sobrenome dele?
v- Por que você está chorando?
w- Ele está com sede.

6-
a- está
b- é
c- é
d- estamos
e- estão
f- somos, são
g- é
h- estou, está
i- estão, são
j- está
k- é
l- é, está
m- é, é
n- é, está
o- são, estão
p- é, sou
q- é, é
r- estão
s- estão
t- está
u- são, somos
v- está, está

7-
a- mil setecentos e oitenta e dois
b- mil novecentos e quarenta e seis
c- setecentos e quarenta e um
d- duzentos e cinquenta e três
e- cento e trinta e três
f- quatrocentos e oitenta e três mil

8-
a- bonecas
b- aviões
c- pastéis
d- colheres
e- lobisomens
f- televisões
g- luzes
h- situações
i- queijos
j- feijões
k- bagagens
l- aluguéis
m- felizes
n- difíceis
o- fiéis
p- bombons
q- garagens
r- nuvens
s- fogões
t- informações

9-
a- amarela
b- brancas / prateadas
c- ——
d- ——
e- ——
f- azul, verde
g- roxas
h- vermelha
i- verde
j- verdes
k- ——
l- ——
m- ——
n- ——

10-
pizza   pão   frango
queijo leite ovo

11-
Verbos:
tomando banho
correndo
dançando balé
tomando sorvete
cozinhando
voando
lendo um livro
fazendo compras
andando a cavalo / cavalgando
andando de bicicleta
andando de skate
andando de patins / patinando

abraçando
beijando
tocando violão
jogando futebol
brincando de boneca
fazendo pipoca
andando / caminhando
nadando
esquiando
bebendo água
mergulhando
jogando golfe

Unit 4 - Lesson 1
1-
a- moram
b- cantamos
c- trabalha
d- viajo
e- dança
f- passam
g- gosta
h- conversamos
i- joga
j- penso
k- telefonam
l- leva

2-
a- acorda, liga, toma, trabalha, dá, passeia, descansa, convida
b- atende, sai, passeia, lê, corre, ouve, sai, sente

3-
a- pertencemos
b- bebe
c- assiste
d- abre
e- bate
f- durmo
g- consegue
h- entendo
i- fazemos
j- digo

5-
andar de trem
andar de ônibus
viajar de avião
cantar parabéns
tocar violão
ir pescar
soltar pipa
tirar fotos

ler um livro
cantar
fumar
passear/andar com o cachorro
colocar gasolina
liga/telefonar
enviar uma carta

Unit 4 - Lesson 2
1-
a- está
b- é
c- estão, estão, estão
d- são, são
e- é
f- está
g- Está
h- São
i- sou
j- está
k- está
l- é
m- somos
n- estão
o- é
p- é

2-
trabalha, levanta, faz, toma, prepara, come, bebe, vai, escuta, dirige, lê, dá, tem, precisa, pede, está, assiste, dá, fica, prefere, sai, dorme

4-
a- Eu ligo/telefono para ele de vez em quando.
b- Ele quase nunca viaja.
c- O escritório está sempre cheio de gente/pessoas.
d- Eles comem fora duas vezes por semana.
e- Eles estão sempre atrasados.
f- Ele faz a barba dia sim, dia não.
g- Minha avó vê o médico uma vez por mês.

Unit 4 - Lesson 3
2-
a- Tem
b- tem
c- tem
d- tem, Tem
e- temos
f- Tem
g- tem
h- têm
i- tem
j- tem
k- tenho
l- tem

Unit 4 - Lesson 4
2-
a- Eu gosto de beber suco de laranja de manhã. O que você gosta de beber no café da manhã?
b- Ele come arroz, feijão, frango e salada no almoço e massa no jantar.
c- Que frutas você gosta? Eu adoro pêssego, maçã, abacate, melancia e romã.
d- Eles sempre bebem cerveja e comem churrasco no fim de semana.
e- Por favor, um sanduíche de peru, uma garrafa de suco de uva e aquela torta de chocolate ali/lá, por favor!
f- Boa noite! Bem vindo! Você gostaria de algo para beber? / de beber alguma coisa?
g- Você come legumes e verduras/vegetais? Sim, eu geralmente como uma salada com tomate, alface, grão de bico, cebola, cenoura, pepino e azeitonas.
h- Ela gosta de aveia com banana, framboesa, amora, morango e mel de manhã, com uma xícara de chá.

3-
maçã   abacate   pera
banana   cereja   melancia
morango uva   limão

Unit 5 - Lesson 1
2-
a- sabe, sei
b- conseguem
c- posso, sabe
d- sabe
e- sabem, não conseguem
f- sabe, sei
g- consigo
h- pode, posso
i- conseguindo

3-
a- Você sabe andar de moto? Sim, eu sei.
b- Você conhece alguém que sabe cantar bem? Sim, (eu) conheço. Minha prima Júlia sabe cantar muito bem.
c- Ele não consegue abrir a janela. Eu acho que está quebrada.

d- Você pode fechar a porta, por favor?
e- Quantas línguas você sabe falar?
f- Eu não consigo comer essa comida toda/ toda essa comida.

Unit 5 - Lesson 2
Text
a- Seis pessoas (contando o Davi).
b- A casa dele fica em Curitiba.
c- Sim.
d- Fica do lado de fora da casa.
e- Ele reúne os amigos para um churrasco.
f- Tem seis suítes.

4-
geladeira
vaso sanitário
cama
abajur
colher

Unit 5 - Lesson 3
The face
cabelo, bochechas, sobrancelhas, nariz, olhos, testa, cílios, dentes, queixo
The body
ombro, braço, cotovelo, pulso, barriga, umbigo, pernas, coxa, pés, cintura, quadril, tornozelo

Unit 5 - Lesson 4
1-
a- será, tomarei, sairei, Correrei, comprarei, falarei, farei, voltarei, Arrumarei, farei, Tomarei, relaxarei, terei
b- irão, iremos
c- aguardarão
d- chegará
e- encontraremos, seguiremos
f- perceberá
g- darei
h- colocarão, enfeitarão
i- comerei, tomará

2-
choverá, ventará, cairá, estará, subirá, oscilará
fará, irei, farão, teremos, telefonarei, levarei, ficarão
iremos, daremos, estarão, levará, ficarão, descansarão, trará, reunirão, fará, dirá, Haverá, acontecerá, terminará, retornarão, irá, levará, estarão, chegarão, farão, acompanharei, embarcarão, visitarão, ficarão, partirão, será

Unit 6- Lesson 1
1-
a- estavam, estávamos
b- era, era
c- era
d- estava, estava
e- era
f- era
g- estava, estavam, estava
h- era
i- estávamos
j- estava
k- Estava

2-
Pretérito Imperfeito:
a- Ele não estava no trabalho ontem à tarde.
b- Você estava na igreja no domingo passado?

c- Eles não estavam na festa ontem.
d- Eu estava com muito sono. O filme estava chato.
e- As crianças estavam com fome mas nós não estávamos.
f- Ele estava atrasado para o trabalho hoje de manhã.
g- O tempo estava ótimo ontem!
h- Quem estava com você ontem de manhã?
i- Ele estava em casa ontem à noite?
j- Eles estavam/ficaram felizes com a festa surpresa?

Unit 6 - Lesson 1
Pretérito Perfeito:
1-
a- foi, Foi
b- fui
c- fomos
d- estiveram
e- foi
f- esteve
g- esteve, estive
h- foi
i- Foi
j- foi

2-
a- Nós fomos os melhores na competição.
b- Ele foi um ótimo jogador de futebol.
c- Nós estivemos com a Luciana no cinema ontem à noite.
d- Você esteve com o Maurício ultimamente?
e- Ele foi grosseiro com os hóspedes / convidados.
f- O filme foi chato.
g- Eles foram casados por dez anos.
h- Pelé foi o jogador de futebol mais famoso dos anos 70.
i- Quem foi o melhor jogador de basquete dos anos 80?
j- Smith & Wollensky sempre foi o meu restaurante favorito na cidade.
k- Mark sempre foi muito conservador.

3-
a- No show da Lady Gaga.
b- Todos os gerentes da empresa.
c- Key west.
d- The Lion King.
e- 20%
f- Pedro Álvares Cabral
g- Thomas Edison
h- 23
i- No Chile
j- The Patriots
k- Alexander Graham Bell.

Unit 6- Lesson 2
1-
1- comemos
2- nasceu
3- vendeu
4- comeu
5- bebemos
6- vendi
7- comi
8- beberam
9- nasceram
10- decidiu
11- respondeu
12- escreveu
13- aprenderam
14- vendeu
15- vendeu
16- respondeu
17- bebeu, bebi
18- recebeu
19- respondeu
20- perceberam
21- estive
22- fui
23- atendeu
24- comeu
25- abriu
26- tive
27- fechou
28- se abriu
29- cantou
30- encontramos
31- foi
32- estudou
33- foi
34- foi
35- fui
36- estudou
37- fiquei, saí
38- tivemos
39- teve
40- tivemos
41- trabalhei, trabalhou
42- foi
43- fiz
44- destruiu, encontrou
45- acabou, pude
46- fomos, gostou, saímos, conheceu

3-

SER	TER	IR	FAZER	PODER	QUERER
foram	tivemos	foram	fez	pude	quis
fomos	teve	fui	fizemos	puderam	quisemos
foi	tive	fomos	fiz	pode	quis
foi	tiveram	foi	fizeram		quiseram

4-
Presente:
-ar
Eu dou, convido, danço, passeio, choro, termino, trabalho, gosto, estudo
Você/Ele/Ela dá, convida, dança, passeia, chora, termina, trabalha, gosta, estuda
Nós damos, convidamos, dançamos, passeamos, choramos, terminamos, trabalhamos, gostamos, estudamos
Vocês/Eles/Elas dão, convidam, dançam, passeiam, choram, terminam, trabalham, gostam, estudam
Passado:
Eu dei, convidei, dancei, passeei, chorei, terminei, trabalhei, gostei, estudei
Você/Ele/Ela deu, convidou, dançou, passeou, chorou, terminou, trabalhou, gostou, estudou
Nós demos, convidamos, dançamos, passeamos, choramos, terminamos, trabalhamos, gostamos, estudamos
Vocês/Eles/Elas deram, convidaram, dançaram, passearam, choraram, terminaram, trabalharam, gostaram, estudaram
Presente:
-er
Eu ofereço, faço, esqueço, trago, digo, tenho, vejo, posso, sei, bebo, perco
Você/Ele/Ela oferece, faz, esquece, traz, diz, tem, vê, pode, sabe, bebe, perde
Nós oferecemos, fazemos, esquecemos, trazemos, dizemos, temos, vemos, podemos, sabemos, bebemos, perdemos
Vocês/Eles/Elas oferecem, fazem, trazem, dizem, têm, veem, podem, sabem, bebem, perdem
Passado:
Eu ofereci, fiz, esqueci, trouxe, disse, tive, vi, pude, soube, bebi, perdi
Você/Ele/Ela ofereceu, fez, esqueceu, trouxe, disse, teve, viu, pôde, soube, bebeu, perdeu
Nós oferecemos, fizemos, esquecemos, trouxemos, dizemos, tivemos, vimos, pudemos, soubemos, bebemos, perdemos
Vocês/Eles/Elas ofereceram, fizeram, esqueceram, trouxeram, disseram tiveram, viram, puderam, souberam, beberam, perderam
Presente:
-ir
Eu saio, dirijo, ouço, permito, venho, vou, peço
Você/Ele/Ela sai, dirige, ouve, permite, vem, vai, pede
Nós saímos, dirigimos, ouvimos, permitimos, viemos, vamos, pedimos
Vocês/Eles/Elas saem, dirigem, ouvem, permitem, vêm, vão, pedem
Passado:
Eu saí, dirigi, ouvi, permiti, vim, fui, pedi
Você/Ele/Ela saiu, dirigiu, ouviu, permitiu, veio, foi, pediu
Nós saímos, dirigimos, ouvimos, permitimos, viemos, fomos, pedimos
Vocês/Eles/Elas saíram, dirigiram, ouviram, permitiram, vieram, foram, pediram

Unit 6 - Lesson 3
1-
a- comia, ficava
b- morava
c- fazia
d- sentia
e- era
f- éramos, adorávamos
g- lavava, limpava
h- assistia, era
i- acontecia
j- assistia
k- acordava, caminhava
l- gostava, estava
m- eram
n- vivia
o- morava, acordava, tomava, arrumava, tomava. saía, pegava, levava, almoçava, ligava, resolvia, saía

Unit 6 - Lesson 4
1-
a- estive, esteve
b- tiveram, tive
c- colocamos, colocou
d- fizemos, fizeram
e- deu
f- vim, vieram
g- deram, dei
h- veio
i- viemos

2-
Presente:
a- leio, lê
b- lemos, leem
c- sei
d- gosta
e- veem
f- viajam
g- vejo, vê
h- saio, sai
i- saem, saímos
j- diz, diz
k- dizem, dizemos
l- traz
m- trago, traz.

Passado:
a- soube
b- souberam
c- viram, vi
d- viu, Vi
e- saí
f- saíram
g- disseram, dissemos
h- disse
i- trouxemos, trouxeram
j- trouxe
k- leu

3-
a- Onde você foi ontem?
b- Eu fui/era uma criança tímida.
c- Eles eram os melhores advogados da cidade.
d- O que você gostava de comer quando era criança?
e- A festa de aniversário da minha irmã foi maravilhosa no sábado passado.
f- Ele comeu massa e bebeu vinho na noite passada.
g- Os meus pais estavam de férias no mês passado. Eles foram à França.
h- Eu saí de casa às sete da manhã hoje de manhã. Eu peguei o metrô para ir para o trabalho.
i- Eu decidi comprar um carro novo.
j- A Jessica acordou cedo ontem.
k- Eu acordei, tomei banho, tomei café da manhã e fui para a academia.
l- Ela fez o dever de casa?
m- Ele comprou flores e chocolate para ela.
n- Quem ligou para você ontem à noite? / Quem te ligou ontem à noite?
o- A Sarah me ofereceu um emprego.
p- Quem foi/era o seu melhor amigo na escola?
q- Onde você passou o Natal no ano passado?
r- Eu vi o bebê da Ana na semana passada.
s- Eu paguei todas as contas no dia 05.
t- Quantas cervejas você bebeu?

Unit 6 - Lesson 4 - Part 2
2-
a- Eu comprei um carro novo para o meu filho.
b- Eu acordei às 6 da manhã ontem.
c- Eu não trabalhei na sexta-feira passada.
d- Você foi ao cinema no domingo passado?
e- Eu vi o Pedro na academia hoje de manhã.
f- Eles comeram o bolo todo? Sim eles comeram.
g- Ela nasceu em 1987.
h- Sandra deu o livro para o/ ao professor.
i- Eu coloquei o bolo no forno.
j- Eu não paguei a conta de telefone este mês.
k- Eu fiz carne assada para o jantar.
l- Você trouxe a sua jaqueta hoje?
m- Eu quis viajar para as Bahamas no verão passado.
n- Eu tive uma dor de cabeça horrível ontem à noite, então fui à farmácia comprar remédio.
o- Você veio para o trabalho de carro hoje? Não, eu vim de ônibus.
p- Eu fui para a academia e ele foi ao supermercado ontem à tarde.

3-
a- foi, Fui
   comprou, pedi, comprei
   pagou, paguei
   fez, Fiz
b- fizeram, Fizemos
   puderam
   entenderam, entendemos, tiveram, tivemos
c- foi, Fui
   teve, tive
   quis
   quis, pude
d- quiseram, quisemos
   foram
   pudemos
   puderam
   tivemos
e- estudou, estudei,
   Aprendeu, aprendi,
   desistiu, desisti

Revisão geral
1-
a- Estou com fome!
b- Até amanhã!
c- Quanto custa esta bolsa? Custa trezentos e quarenta reais.
d- A que horas o jogo começa?
e- Eu não estou no trabalho. Estou em casa.
f- Eu não vou comprar aquele carro.
g- O Pedro era o meu melhor amigo na escola.
h- Como você vai para o trabalho? De metrô.
i- Eu vou querer o filet mignon com purê de batatas. Ao ponto, por favor!
j- Eu gosto de café com leite desnatado de manhã.
k- Primavera, verão, outono, inverno.
l- Como está o tempo hoje? Está quente.
m- Ela é loura ou morena?
n- Olhos, nariz, boca, queixo, testa, braço, pernas
o- Eu quis comprar aquela jaqueta mas estava cara demais.
p- Onde você vai passar o Natal esse ano?
q- Eu não consigo prestar atenção ao professor. Está barulhento / com muito barulho aqui!
r- Eu almoço ao meio-dia todo dia.
s- Eu vou estudar português amanhã de manhã.
t- Eu trabalho das 9 às 5.
u- Eu gosto de geleia, biscoito, mel, presunto, peru, manteiga, arroz, feijão, refrigerante, suco, chá, vinho tinto
v- Estou com dor de cabeça.

VERBOS
3-
-ar
Presente
Eu jogo, dou, coloco, adoro, pratico, viajo
Você/Ele/Ela joga, dá, coloca, adora, pratica, viaja
Nós jogamos, damos, colocamos, adoramos, praticamos, viajamos
Vocês/Eles/Elas jogam, dão, colocam, adoram, praticam, viajam

Passado
Eu joguei, dei, coloquei, adorei, pratiquei, viajei
Você/Ele/Ela jogou, deu, colocou, adorou, praticou, viajou
Nós jogamos, trabalhamos, colocamos, adoramos, praticamos, viajamos
Vocês/Eles/Elas jogaram, deram, colocaram, adoraram, praticaram, viajaram

-er
Presente
Eu tenho, sou, faço, digo, leio, vejo, sei, agradeço, quero
Você/Ele/Ela tem, é, faz, diz, lê, vê, sabe, agradece, quer
Nós temos, somos, fazemos, dizemos, lemos. vemos, sabemos, agradecemos, queremos
Vocês/Eles/Elas têm, são, fazem, dizem, leem, veem, sabem, agradecem, querem

Passado
Eu tive, fui, fiz, disse, li, vi, soube, agradeci, quis
Você/Ele/Ela teve, foi, fez, disse, leu, viu, soube, agradeceu, quis
Nós tivemos, fomos, fizemos, dissemos, lemos, vimos, soubemos, agradecemos, quisemos
Vocês/Eles/Elas tiveram, foram, fizeram, disseram, leram, viram, souberam, agradeceram, quiseram

Made in the USA
Middletown, DE
20 March 2024

51720463R00117